PROJET DE LOI

SUR L'ENSEIGNEMENT ET L'EXERCICE

DE LA MÉDECINE ET DE LA PHARMACIE

AVEC

L'EXPOSÉ DES MOTIFS

PRÉSENTÉ

à la Chambre des Pairs, par M. le Ministre de l'instruction publique,

LE 15 FÉVRIER 1847;

PRÉCÉDÉ ET SUIVI DE RÉFLEXIONS.

PUBLICATION DE L'**UNION MÉDICALE**.

PARIS,

AUX BUREAUX DE L'UNION MÉDICALE,

Rue du Faubourg-Montmartre, 56,

ET CHEZ VICTOR MASSON, LIBRAIRE,

1, place de l'École-de-Médecine.

FÉVRIER 1847.

TYPOGRAPHIE ET LITHOGRAPHIE FÉLIX MALTESTE ET Cᶜ,
Rue des Deux-Portes-St-Sauveur, 18.

PROJET DE LOI

SUR L'ENSEIGNEMENT ET L'EXERCICE

DE LA MÉDECINE ET DE LA PHARMACIE.

A NOS CONFRÈRES.

Le projet de loi sur l'enseignement et l'exercice de la médecine et de la pharmacie si longtemps attendu, si souvent promis vient d'être enfin présenté à la chambre des pairs par M. le ministre de l'instruction publique.

Si ce projet de loi répondait aux espérances du corps médical, s'il donnait satisfaction aux vœux si noblement et si généralement exprimés par notre grande famille réunie en congrès, nous pourrions généreusement oublier notre longue attente et nos fréquentes déceptions; la certitude acquise enfin d'un avenir meilleur jetterait le voile de l'oubli sur le malaise du passé, nous nous réjouirions pour nous et pour nos successeurs des jours qui se préparent, et notre reconnaissance monterait empressée jusqu'aux dépositaires d'un pouvoir bienfaisant qui aurait assuré défense pour nos intérêts', protection pour nos droits si nombreux et si divers.

Pourquoi cacherions-nous que nos espérances étaient vives, notre foi religieuse et sincère dans les promesses faites? Un ministre du gouvernement du roi n'était-il pas venu sanctionner par sa présence la légitimité et l'urgence de nos vœux? Son magnifique et généreux langage ne nous avait-il pas tous émus de gratitude et de sympathie? Pouvions-nous oublier, nous, peu habitués aux finesses et aux mœurs de la vie gouvernementale et politique; nous, simples praticiens des villes et des campagnes chez qui la naïve confiance à la foi jurée a conservé tout son respectueux empire; pouvions-nous oublier ces belles et encourageantes paroles par lesquelles un ministre du roi termina son discours au congrès médical?

« Messieurs, vous allez retourner dans les départemens que

» vous avez quittés en si grand nombre pour venir ici discu-
» ter les intérêts communs ; dites à ceux qui vous ont délégués
» que le gouvernement du roi veille sur tous les intérêts, qu'il
» s'occupe de tous les besoins de la société, qu'il cherche à les
» comprendre, et fait, quand il le peut, tous ses efforts pour les
» satisfaire. VOUS N'AVEZ PAS EXPRIMÉ UN VŒU QUI N'AIT ÉTÉ
» ENTENDU, QUI NE SOIT ACCUEILLI ET NE DOIVE ÊTRE BIENTÔT
» EXAUCÉ, s'il ne se trouve en présence d'intérêts de même
» nature, mais plus grands encore que les vôtres. »

Hélas ! que sont devenues ces belles promesses ? Généreux et dévoués confrères et collègues des départemens, qui, avec un si noble désintéressement, abandonnâtes vos affaires et vos foyers domestiques, pour porter votre contingent de lumières et de loyales intentions à cette grande assemblée, les *états-généraux* de la médecine française, que direz-vous, honorés et chers confrères, quand vous apercevrez, si habilement caché qu'il puisse être, le but secret de ce projet de loi, de courber nos libérales et indépendantes professions sous le joug du pouvoir ; quand vous le verrez, ce projet, attentif à comprimer, à refouler nos aspirations généreuses, ne prendre souci que de nous jeter pieds et poings liés à la merci de l'arbitraire et du bon vouloir ministériel ; quand se montrera, évidente comme la lumière, la préoccupation du pouvoir à grandir, à développer encore l'élément aristocratique de nos professions, à diminuer et annihiler la part déjà si minime de l'élément démocratique ; quand il vous suffira de lire pour voir nettement les exigences de toute sorte, les sacrifices énormes demandés à nos professions, sans compensation aucune, honorifique, morale, matérielle ; quand vous verrez cette tendance manifeste à nous transformer en instrumens politiques ; cette terrible épée de Damoclès, incessamment suspendue sur nos têtes par les tribunaux correctionnels ; toutes ces questions d'enseignement et de concours jugées et tranchées comme n'aurait ôsé le faire le despotisme impérial qui se cachait au moins sous un manteau de gloire !

Que direz-vous, bons et loyaux confrères et collègues, quand, à côté de cette prévoyance si habilement calculée pour enlever à nos nobles professions leur indépendance et leur spontanéité, vous ne rencontrerez rien, absolument rien sur tant de questions professionnelles qui nous avaient si vivement préoccupés et émus, sur la répression du charlatanisme, sur tous nos intérêts de praticiens honorables, qui s'enquièrent autant des besoins de la société dupe et victime, que de leurs besoins propres?

Mais, loin de nous le désir d'influencer votre jugement; il est trop impartial et trop éclairé pour que ce ne fût là une entreprise outrecuidante. Lisez d'abord la pensée ministérielle, étudiez les formules légales qui la traduisent, et permettez-nous ensuite quelques courtes réflexions dont le développement est l'objet de notre labeur de tous les jours dans l'œuvre de propagande et d'union confraternelles consacrée à la défense des intérêts scientifiques et pratiques, moraux et professionnels du corps médical.

Vous trouverez donc dans cet opuscule :

1º L'exposé des motifs du projet de loi;

2º Le projet de loi lui-même, texte officiel extrait du *Moniteur*;

3º Nos réflexions sur les principaux détails de la loi;

4º Enfin un coup d'œil d'ensemble et une appréciation générale du projet ministériel.

Nous vous demandons grâce et indulgence pour ces notes écrites à la hâte et publiées dans le but de vous montrer que toujours et les premiers sur la brèche l'honorabilité, l'indépendance et le bonheur de notre profession sont les plus ardens et les plus sincères de nos vœux.

1° EXPOSÉ DES MOTIFS.

M. DE SALVANDY, *ministre de l'instruction publique.* Messieurs, le projet de loi que nous avons l'honneur de vous présenter par les ordres du roi répond à une longue attente : il a pour but de satisfaire à des intérêts aussi considérables que divers ; il règle l'enseignement et l'exercice de la médecine et de toutes les branches de l'art de guérir dans le royaume.

On peut dire que ces questions étaient pendantes depuis vingt-cinq années. La chambre des pairs n'a pas perdu le souvenir des importans débats que des propositions de loi, réitérées sous la restauration, suscitèrent à deux reprises (en 1825 et en 1826) dans son sein. Depuis lors, ces questions n'ont pas cessé d'être à l'étude dans le corps médical, dans les facultés, dans les compagnies savantes, dans les académies spéciales et les commissions officielles, dans l'Université, dans le gouvernement.

L'opinion publique n'a pas cessé non plus de réclamer, par tous ses organes réguliers, par les journaux, par les pétitions, par l'initiative parlementaire, par les commissions des deux chambres, la révision de la législation existante. D'importans travaux ont été préparés dans ce but par l'administration. En 1838, un projet de loi, concerté après de mûres délibérations avec une commission considérable par le nombre et les lumières, était terminé, et il allait être présenté à cette chambre à l'instant même où les affaires passèrent en d'autres mains. Sous des auspices nouveaux, les matériaux d'un nouveau travail furent préparés avec une sollicitude dont le ministère de l'instruction publique conserve des traces précieuses. Cependant le besoin de résoudre des problèmes dont le temps fait de plus en plus sentir la gravité, préoccupait chaque jour davantage tous les esprits. La préoccupation était également vive au sein du corps médical et dans la société même. Le mal s'aggravait par les discussions publiques, multipliées, incessantes, qui frappaient de provisoire toutes les institutions établies, et de discrédit toutes les situations faites, sans rien fixer et rien résoudre. Enfin une manifestation éclatante observée avec soin par le ministère compétent, comme l'une des représentations d'intérêts spéciaux les plus importantes et les plus nombreuses qui se soient vues dans notre pays, révéla tout ce qu'un corps qui tient dans la société tant de place et y exerce une si naturelle influence renfermait de malaise, de lumières et de sagesse. Le congrès médical honora les professions qui y étaient rassemblées par l'importance de ses délibérations, par leur éclat et par leur gravité. Il reçut de la bouche du ministre du roi la promesse d'une solution complète et prochaine. Le gouvernement du roi tient aujourd'hui la promesse qu'il fit alors.

Le ministère de l'agriculture et du commerce a préparé, sur une partie importante de ce service, l'exercice de la pharmacie, une loi qui ne tardera pas à être présentée aux chambres. Une institution nouvelle établie récemment au ministère de l'instruction publique et placée dans l'Université entre les intérêts médicaux et le conseil royal, la haute commission des études médicales, dans laquelle siégent les maîtres de la science dans tout le royaume (1), a prêté à l'administration, par les délibérations les plus prolongées et les plus approfondies, l'assistance de ses vives lumières. Le conseil royal nous offrait le concours de l'esprit ferme et éminent qui a contribué si puissamment, dans ces dernières années, aux progrès de l'organisation et de l'enseignement de la médecine parmi nous. Enfin, dans une longue étude des vœux du congrès et des élémens de la question, nous nous sommes attachés à satisfaire tous les intérêts et à régler tous les droits. Tel est le but du projet de loi qui vous est soumis.

L'origine de la constitution actuelle du corps médical explique suffisamment les vices que le temps y a révélés. La révolution ne détruisit pas seulement les institutions sociales et politiques ; tous les corps chargés de dispenser l'enseignement périrent à la fois sous sa main, toutes les écoles, toutes les académies, tous les laboratoires, tous les musées furent détruits. Les méthodes et les traditions eurent la même fortune. Si l'assemblée constituante, à l'origine de ce période de rénovation sans exemple parmi les hommes, avait posé quelques règles nouvelles, quelques principes jusque-là ignorés qui devaient être la loi souveraine de l'avenir, cet avenir était loin encore, et, en attendant, une génération tout entière eut ce spectacle qui n'avait jamais été donné dans le monde, et qui, sans doute, ne se reproduira pas, d'une abolition totale et absolue des élémens d'instruction pour tout un peuple. Dans l'ordre des sciences médicales, l'ancien régime comptait dix-huit facultés de médecine, parmi lesquelles celles de Paris, Montpellier, Toulouse, Besançon, Rennes, Caen, Perpignan, avaient une grande renommée ; et quinze

---

(1) Cette commission se compose de MM. Orfila, Donné, Fouquier, Chomel, P. Dubois, H. Royer-Collard, Andral, Velpeau, Roux, Dumas, Bebier, Marchal de Calvi, Caizergue, Lordat, Coze, Forget, Bussy, Gintrac, Senac, Combes, Caveutou, Pariset, Boullay, Cap, Alquier, Richond des Brus, Termes, Dubrueil, Bégin, Rigal de Gaillac.

colléges ou corporations de médecine et un plus grand nombre de colléges et de communautés de chirurgie. Tout cela tomba, enveloppé dans
la tourmente du 10 août, le lendemain de la chute du trône, et pour ainsi
dire du même coup ; le décret du 16 août 1792 supprima à la fois toutes
les universités, toutes les facultés, toutes les corporations savantes. Tous
les instrumens par lesquels se transmet de génération en génération
l'instruction d'un peuple, tous les foyers qui conservent et entretiennent,
dans l'intérêt de l'âge futur, les lumières de l'âge précédent, se trou-
vèrent brisés. Quand le génie de l'ordre, sous l'une des formes les plus
puissantes qu'il ait manifestées jamais parmi les hommes, voulut recons-
tituer, en fait de science comme pour le reste, il ne trouva que des ruines.
La main de Napoléon s'attacha à rassembler ces ruines, à les édifier, à
les rendre vivantes.

Déjà, après trois années de cet étrange état de choses, la Convention,
dans ce retour sur elle-même qui lui fit créer les écoles centrales et l'Institut, avait rassemblé, pour donner des médecins et des chirurgiens à nos
armées, trois cents jeunes gens levés sur toute la face du territoire, dans
trois écoles de santé, Paris, Montpellier, Strasbourg, où des études leur
étaient offertes, où des commissions devaient leur être données. La loi
consulaire du 11 floréal an 10 (1er mai 1802), en constituant tous les
ordres d'instruction nationale sur une base commune et posant ainsi la
première pierre de l'Université de France, ne changea rien à cette organisation partielle et incomplète de l'enseignement médical, sauf que trois
nouvelles écoles de santé pour les annexes nouvelles de la France, Turin,
Mayence et Bruxelles étaient instituées. Mais l'esprit même qui avait pré-
sidé aux destinées politiques était changé ; le génie qui fonde se faisait
sentir partout ; une législation médicale, appropriée aux besoins nouveaux autant que l'état présent pouvait le permettre , était préparée.
Fourcroy, en présentant la loi du 19 ventôse an 11 (10 mars 1803),
s'exprimait ainsi sur l'état présent auquel il voulait porter remède :

« Depuis le décret du 18 août 1792, qui a supprimé les universités et
les corporations savantes, il n'y a plus de réceptions régulières de médecins ni de chirurgiens. L'anarchie la plus complète a pris la place de l'ancienne organisation. Ceux qui ont appris leur art se trouvent confondus
avec ceux qui n'en ont pas la moindre notion. Presque partout on accorde
des patentes également aux uns et aux autres. La vie des citoyens est
entre les mains d'hommes avides autant qu'ignorans. L'empirisme le plus
dangereux, le charlatanisme le plus éhonté abusent partout de la crédu-
lité et de la bonne foi. Aucune preuve de savoir et d'habileté n'est exigée.
Ceux qui étudient depuis sept ans et demi dans les trois écoles de méde-

cine instituées par la loi du 14 frimaire an 3, peuvent à peine faire constater les connaissances qu'ils ont acquises, et se distinguer des pré-tendus guérisseurs qu'on voit de toutes parts. Les campagnes et les ville sont également infectées de charlatans qui distribuent les poisons et la mort avec une audace que les anciennes lois ne peuvent plus réprimer. Les pratiques les plus meurtrières ont pris la place des principes de l'art des accouchemens. Des rebouteurs et des méges impudens abusent du titre d'officiers de santé pour couvrir leur ignorance et leur avidité. Jamais la foule des remèdes secrets, toujours si dangereux, n'a été aussi nombreuse que depuis l'époque de la suppression des facultés de méde-decine. Le mal est si grave et si multiplié, que beaucoup de préfets ont cherché les moyens d'y remédier en instituant des espèces de jurys, chargés d'examiner les hommes qui veulent exercer l'art de guérir dans leurs départemens. Mais cette institution départementale, outre qu'elle a le grave inconvénient d'admettre une diversité fâcheuse de mesures ad-ministratives, ouvre la porte à de nouveaux abus, nés de la facilité trop grande ou de trop peu de sévérité des examens, et quelquefois d'une source encore plus impure. Le ministre de l'intérieur s'est vu forcé de casser des arrêtés de plusieurs préfets, relatifs à ces espèces de réceptions, sou-vent aussi abusives qu'elles sont irrégulières. Il est donc pressant, pour détruire tous ces maux à la fois, d'organiser un mode uniforme et régu-lier d'examens et de réceptions, pour ceux qui se destinent à soigner des malades. »

En conséquence, ce qu'on trouva d'hommes expérimentés et capables dans l'ancien régime, ceux que l'ancien régime avait formés furent appe-lés à rendre des écoles de médecine véritables à la France. On donna pour dotation à ces écoles le produit des frais d'examen et de diplôme qu'on institua ; on rétablit le grade, le titre et les épreuves du doctorat ; on eut soin de n'imposer à la jeunesse, que l'on conviait à la poursuite de ce titre antique et nouveau, qu'un cours d'études de quatre années, de n'exiger d'elle ni épreuves littéraires, ni épreuves scientifiques ; et cependant, voulant des études sérieuses, on prescrivit que sur cinq exa-mens deux fussent soutenus en latin. Aussi reconnut-on l'impossibilité, dans l'état illettré de la société, de donner promptement, en nombre suffisant, à la santé publique quelques dignes gardiens d'un tel dépôt. Il fallait à tout prix des médecins. Le législateur les demanda à un ordre d'é-tudians et par suite de praticiens inférieurs à celui-là, pris moins haut dans l'échelle des études, du rang et de la fortune, faits plus vite et à moins de frais, admis à exercer le même ministère, mais à des conditions moins élevées, dispensés de suivre les écoles, et cependant investis du droit de

disposer de la vie des hommes ; ce furent les officiers de santé, qui existent aujourd'hui encore. Aucune étude littéraire n'était exigée d'eux,
aucune étude médicale ne leur fut même imposée. Six années de travail
chez un docteur, sans justification sérieuse, ou bien cinq de pratique
dans les hôpitaux, deux examens devant un jury institué dans chaque département et 200 francs de frais de réception et de diplôme, furent tout
ce que la loi se sentit, dans l'état barbare dont on sortait à peine, la puissance d'obtenir. La loi marqua l'infériorité de ce second ordre de praticiens en les circonscrivant dans les départemens où ils avaient été reçus,
et en leur interdisant les grandes opérations chirurgicales, sans prendre,
du reste, aucune précaution pour assurer l'observance de ses prescrip-
tions.

Le corps médical se constitua donc en deux ordres profondément distincts, par la fortune, l'éducation, les études spéciales, le ministère même.
Le premier, dont les études étaient réelles, mais trop courtes encore et
insuffisantes ; le second, qui, en réalité, n'avait point d'études. Hâtons-
nous de le dire, les officiers de santé ont généralement éprouvé le besoin
de corriger, par les observations consciencieuses et persévérantes de la
pratique, les vices d'une éducation première incomplète et d'une instruction
doctrinale impuissante. Nombre d'entre eux sont parvenus, à force de travail, à force de dévoûment pour les intérêts de l'humanité, à relever leur
profession dans le sentiment public, à mériter d'être confondus, comme
ils y ont tendu toujours, avec la partie élevée et essentielle du corps médical. Mais ce qui est vrai aussi, c'est que cette confusion a fait peser sur
le corps tout entier de la médecine française les reproches qui étaient
justement adressés à la constitution des officiers de santé. Le corps est
resté ainsi déprécié dans la considération et dans la confiance publique
par des causes plus fortes que lui. Les efforts constants de toutes les administrations pour élever le niveau de son instruction par les conditions
d'études imposées aux élèves des facultés, ont trouvé un obstacle insur-
montable dans les facilités que présentaient de toutes parts aux études
incomplètes les jurys médicaux, et dans la confusion qu'entretenait
l'uniformité des travaux, en dépit de la diversité des origines; car, si la
législation avait essayé de marquer les officiers de santé d'un sceau particulier par ses interdictions, ses dispositions, très difficilement obser-
vées, ne font que constater l'inégalité d'hommes qui ont la même pratique,
qui se partagent la même clientèle, qui exercent sur la société la même
influence et s'y reconnaissent les mêmes devoirs. Cet état de choses, si
vicieux en principe, l'a été davantage dans le fait, parce que, si les officiers de santé se confondent avec les médecins, la législation n'a pas pris

de précautions suffisantes pour empêcher les uns et les autres de se confondre avec la foule des empiriques et des praticiens prétendus de tout
ordre, qui, la plupart du temps, sans titre aucun, souvent en prenant
hardiment les titres d'officiers de santé ou de docteurs, se sont saisis du
droit d'administrer les intérêts les plus chers à l'État et à la famille, ceux
de la vie humaine.

L'organisation de la pharmacie et de son enseignement, celle de toutes
les branches de l'art médical, ont reposé sur les mêmes principes : d'une
part, deux classes de praticiens, c'est-à-dire deux ordres d'enseignement
et de conditions d'exercice; d'autre part, pour le premier ordre lui-
même, complète insuffisance d'études et de garanties, telle était la loi
du 10 mars 1803 (19 ventôse an 11) qui, après quarante-cinq ans nous
régit encore.

Il est manifeste que cette loi, comme tous les grands actes de la restauration consulaire, avait un caractère essentiellement transitoire. Elle était
une réaction heureuse de l'esprit d'ordre et de prévoyance contre la nécessité des temps; mais cette nécessité, à son tour, avait imposé son joug
à la législation. L'organisation qu'on vient de rappeler, bonne pour l'é-
tat violent et passager de la société d'alors, ne peut pas convenir à l'état
actuel des esprits, à la répartition présente des lumières et des garanties
au sein de la société française. Il n'y a plus équilibre entre la constitution
des professions médicales et la mission qu'elles remplissent; entre le rang
qu'elles occupent ou doivent occuper au milieu de nous et l'instruction qui
leur est donnée.

Ce n'est pas que, depuis la création de l'Université et la large place
qui a été donnée à l'enseignement de la médecine dans son sein, cette
grande institution n'ait tendu avec une constante application et un
constant succès à relever la médecine française en relevant l'enseignement, en multipliant les moyens d'instruction, en y ajoutant des conditions d'études de plus en plus nombreuses et sévères, en introduisant
dans les facultés une discipline intérieure qui a donné toute sécurité à
l'État et aux familles sur les résultats de ce solide enseignement. Le bac-a-
lauréat ès-lettres a été exigé de tous les aspirants au doctorat depuis 1823;
le baccalauréat ès-sciences depuis la même époque. La pharmacie a vu
s'accomplir dans son sein les mêmes réformes et les mêmes progrès :
elle s'est attachée à marcher du même pas que la médecine et y est par-
venue. Les écoles spéciales ainsi que les facultés n'ont pas seules parti-
cipé à ce travail uniforme et incessant d'amélioration. Vingt écoles secondaires de médecine et de pharmacie, instituées dès 1820, développées
et affermies par les règlements de 1837, élevées avec raison par l'or-

donnance de 1840 au rang d'écoles préparatoires et par là introduites dans l'enseignement supérieur, ont contribué comme autant de foyers scientifiques à ranimer dans les vingt. chefs-lieux de départements qui les possèdent les études sérieuses de tout ordre.

Placées en même temps à la proximité des familles et des hôpitaux pour détourner vers l'enseignement doctrinal la jeunesse, que des facilités plus grandes entraînaient vers le corps des officiers de santé, elles ont été perfectionnant chaque jour leur organisation, leurs moyens matériels, leurs méthodes, leurs réglemens, et plusieurs sont parvenues à donner une instruction solide et à servir efficacement de pépinières à nos Facultés. Mais toutes les réformes accomplies par l'Université sur elle-même n'ont fait que mieux mesurer les obstacles que lui oppose la législation existante. Cet état de choses, aggravé par les discussions mêmes qu'il a suscitées, doit avoir enfin un terme. Il faut que tous les membres du corps médical, quelle que soit la diversité de leur situation et de leur ministère, quelle que fût la différence de rang et d'instruction qu'on croirait devoir y maintenir entre ceux qui remplissent les mêmes fonctions, justifient à un égal degré des connaissances que ces fonctions exigent, donnent à l'ordre moral des garanties égales, jouissent tous de la même considération. Toutes les branches de l'enseignement, toute l'organisation diverse des écoles qui le distribuent, appellent aussi des réformes et des perfectionnemens. Rien n'est plus digne de la sollicitude des pouvoirs publics; car il s'agit d'un service qui touche, par chacune de ses branches, à tous les intérêts domestiques et moraux de la famille, en même temps qu'à tous les intérêts scientifiques et matériels de la société.

La Chambre des pairs nous permettra d'insister sur ce point. Le médecin a trois caractères différens : le premier de tous, ou du moins le plus apparent, le plus sensible, est celui qui consiste dans le dépôt de tous les intérêts de la santé humaine ; et, sous ce rapport, il a deux ministères distincts et considérables tous deux. Ce n'est pas seulement l'hygiène privée qui est confiée à sa redoutable assistance ; c'est aussi l'hygiène publique. D'un côté, il répond à la famille de ce qu'elle a de plus cher, la santé et la vie de l'enfant, la force de l'adulte, le calme du vieillard, le salut de la femme dans toutes les épreuves par lesquelles la Providence fait passer cette sensible et fragile organisation. Ce sont là les biens que chacun demande à la médecine et à toutes les ramifications de l'art qui s'y rattachent. D'un autre côté, la société ne lui demande pas avec moins de sollicitude d'étudier et de connaître les causes qui agissent sur l'état physique et par là sur l'état moral des populations ; les moyens de résister aux forces délétères ; les ressources do... l'administration peut s'armer contre

les fléaux qui ajoutent aux misères déjà si, nombreuses dont il a plu
à la divine Providence d'affecter l'individu ; celles qui affectent tout à
coup ou bien d'une manière permanente certaines régions, certains
climats, ou même tout un ordre de régions, de climats, de populations.
Et ce n'est pas tout : l'administration n'attend pas seule le concours du
médecin, la justice aussi compte sur lui pour éclairer sa marche, pour
découvrir et constater, jusque dans les secrets les plus intimes de l'organisation humaine, la trace du crime, sa trace restée vivante au milieu de la
nature morte, sa part dans les souffrances mystérieuses de victimes qui
ne se croient que sous le poids de la maladie et qui succombent à d'invi-
sibles attentats ; et l'on sait combien de fois la déclaration de ce témoin
unique, de ce révélateur inattendu, qui n'a pour garans que son savoir et
sa conscience, a déterminé la conviction du juge ou celle de l'opinion, et
dirigé la sévérité de la loi.

Voilà le médecin proprement dit, dans l'acception étroite du mot et de
la mission ; voilà ce qu'il est pour le législateur dans le simple exercice
et dans les limites restreintes de son ministère. Mais il y a autre chose en
lui, il y a le savant qui n'a pu parvenir au droit de pratiquer ce ministère
périlleux et multiple que par de longues épreuves, de nombreuses études,
des garanties pédagogiques de toute nature. Le médecin est le seul servi-
teur public à qui l'état impose la sanction d'un triple diplôme universitaire ;
on le veut gradué dans les lettres, gradué dans les sciences, gradué dans
la médecine, et l'on a raison, car il faut que, par ses lumières, il soit au
niveau de toutes les classes de la société, puisqu'il a sur toutes une action
égale. Il faut qu'il sache puiser la science à toutes ses sources et la suivre
par la connaissance des auteurs dans toutes les vicissitudes qui ont carac-
térisé sa marche ; toutes les sciences naturelles lui sont nécessaires pour
trouver dans les forces de la nature celles qu'il peut opposer au mal avec
lequel il est aux prises. Sa vie doit être une continuelle étude, mais dont
il fasse profiter la science elle-même par ses observations, ses mémoires,
ses travaux de tout ordre, et la communication qu'il en donne aux corps
savans institués pour enregistrer, coordonner et provoquer toutes les
découvertes.

Enfin, le médecin a un troisième caractère, le plus essentiel de tous aux
yeux d'une société bien ordonnée ; il est l'assistant obligé, perpétuel et
intime du père de famille, du mari, de la mère, pour la garde de tous les
dépôts les plus chers à leurs affections et à leur honneur ; la famille lui est
ouverte à toutes les heures, elle n'a pas de secret pour lui, elle n'a pas de
refuge contre lui. La société, en constituant le corps médical, est tenue
de prendre toutes ses sûretés à l'égard de chacun de ses membres ; la loi,

par son intervention nécessaire, accepte le devoir de répondre de chacun d'eux ; elle doit vouloir toutes les garanties pour s'assurer que le dépositaire de ce sacerdoce intime, de cette magistrature domestique et universelle, n'est pas seulement un gradué, n'est pas seulement un savant, mais que, de plus, c'est un honnête homme.

Tel est l'esprit dans lequel est rédigée la législation nouvelle ; il se retrouve dans toutes les parties de la loi, il est applicable, à des degrés différens, à toutes les parties du service dont nous voulons organiser l'enseignement et la pratique. Nous sommes assurés que la noble chambre s'associera, sous ce rapport, à nos vues ; car, outre que cette manière de comprendre la tâche du législateur dans cette matière est fondée sur un sentiment vrai des choses, les pairs du royaume savent comme nous que le plus sûr moyen d'élever les hommes et les professions, c'est de les estimer.

La loi se divise en six titres.

Le premier traite des conditions d'exercice de la médecine ;

Le deuxième des conditions d'études ;

Le troisième de l'enseignement de la médecine ;

Le quatrième des élèves boursiers et médecins cantonaux ;

Le cinquième de l'enseignement de la pharmacie et des conditions d'études ;

Le sixième des conseils médicaux.

Deux autres titres traitaient des sages-femmes, l'autre des professions spéciales. Les dispositions qu'ils renfermaient tous deux sont les complémens nécessaires de la nouvelle législation. Il y a dans la société une foule de professions qui tiennent de près à la pratique de la médecine, qui sont la médecine ou la chirurgie appliquée à une partie de la santé humaine, et peuvent exercer une influence désastreuse sur la santé générale ou sur la vie même, sans que ces professions offrent des garanties régulières et soient reconnues par la loi. Les unes doivent être absolument interdites, d'autres peuvent être tolérées avec de sages tempéramens. L'institution nécessaire des sages-femmes demande dans son enseignement et dans son organisation des développemens attendus dès longtemps. Il nous a paru que cet ensemble de dispositions pouvait être utilement renvoyé au réglement d'administration publique ; que la loi ne pouvait entrer dans ces détails ; qu'elle devait les renvoyer à l'administration éclairée par les profondes délibérations du Conseil d'État, et renfermer dans la limite des principes généraux que la loi même a posés. Dans la même pensée nous avons renvoyé dans toutes les parties de la loi aux règlemens délibérés en conseil royal de l'Université toutes les dispositions qui pouvaient entrer à la fois dans la compétence du règlement et dans celle de l'Université.

La chambre des pairs approuvera sûrement cette application des principes essentiels sur lesquels repose notre ordre politique. Le législateur ne peut utilement poser que les principes généraux, et peut-être pourrait-on nous reprocher d'avoir fait trop grande la part du pouvoir législatif, si les matières sur lesquelles statue une loi sur l'exercice et l'enseignement de la médecine n'étaient si multipliées, si délicates, liées à tant d'intérêts et de droits civils, que cette loi ne saurait être à la fois brève et complète.

Nous passons à l'examen rapide des questions principales qu'elle soulève.

TITRE Ier.

Conditions d'exercice de la médecine.

La question fondamentale de ce titre et de la loi tout entière est celle des deux ordres de médecins. Que le deuxième ordre, que les officiers de santé ne puissent être maintenus dans les conditions d'étude, ou plutôt avec l'absence d'études réelles qui existent depuis quarante ans, ce point ne fait doute pour personne. Personne ne peut vouloir et ne veut le maintien d'un état de choses qui ne fait naître qu'une pensée, la surprise que, d'examen en examen et d'essai en essai, il eût pu durer près de cinquante ans.

Personne non plus ne prétend que le degré supérieur qui existe aujourd'hui, que le corps des docteurs reçoive, avec les quatre années d'études que le doctorat exige, l'enseignement doctrinal et pratique tout ensemble que ce titre comporte. Tout le monde reconnaît que ces limites étroites de l'enseignement, établies par la loi du 10 mars 1803, furent une nécessité des temps; qu'elles ne sont plus en harmonie avec l'état des lumières et de l'instruction dans la société; qu'elles sont en désaccord avec les exigences de l'enseignement médical dans presque tous les Etats de l'Europe; qu'elles compromettent sérieusement les intérêts de la santé publique; qu'il est indispensable d'exiger à l'avenir de nos aspirans au doctorat cinq années d'études affermies par un ensemble de cours, de répétitions et d'épreuves, qui donnent d'égales garanties à l'Etat et à la famille sur les fruits qu'on en doit attendre. Mais ces deux points convenus laissent subsister la question même, celle des deux ordres de praticiens, question controversée depuis un demi-siècle, débattue en sens contraire sous l'autorité des deux plus grands noms, traitée à la tribune de la chambre des pairs par l'illustre Cuvier à un point de vue opposé à celui que nous adoptons; question, il faut le dire, que le temps a simplifiée et mûrie; que les quinze cents membres du congrès médical ont tranchée à l'unanimité après une éclatante discussion dans le sens de l'ordre unique, et que nous proposons de résoudre dans le même sens, convaincu que l'état des esprits, l'état des lois, l'état des faits, la force des choses enfin, n'en permettent aucun autre.

Plusieurs systèmes mixtes se sont produits dans ces longs débats. On proposait d'élever les conditions d'études littéraires et médicales des officiers de santé. On allait jusqu'à vouloir pour eux des inscriptions dans les écoles régulières ou dans les facultés, les épreuves devant ces juges compétens et sévères, le grade même de licencié. D'autre part, on parlait de réserver au doctorat des avantages spéciaux, le droit exclusif, par exemple, à toutes les fonctions médicales dont l'Etat dispose, de sorte que les deux ordres, égaux devant les citoyens, pouvant être également appelés par la famille, ne seraient inégaux que devant l'autorité publique. Les faveurs dont elle dispose, les charges médicales qu'elle confère dans les établissemens de tout ordre, seraient un motif déterminant à poursuivre encore le doctorat, car c'est là le vice essentiel de la division du corps médical en deux branches distinctes, que, si on reconnaît à l'officier de santé tous les droits de docteur, on s'expose à n'avoir plus de docteurs, c'est-à-dire plus de médecins ayant fait des études sérieuses et donné des garanties réelles, et que, si on joint à l'inégalité d'études, ce qui est légitime, l'inégalité des droits; si, comme on l'a proposé quelquefois, on substitue aux restrictions complétement illusoires de la loi actuelle, l'interdiction, par exemple, d'exercer dans les villes, l'obligation de se consacrer uniquement au séjour des campagnes et au service des classes laborieuses et pauvres, on s'expose à n'avoir plus d'officiers de santé, pour peu qu'on exige une instruction prolongée et sérieuse; ou, si on n'a pas cette exigence, à soulever tous les sentimens d'humanité impartiale que l'esprit d'inégalité, l'esprit de religion et le génie entier de nos lois, a heureusement fait passer dans toutes les habitudes, et on dirait presque dans tous les préjugés de la société française.

Il est un point que personne ne peut méconnaître. Personne ne conseillera de dire, personne ne consentira à écrire dans la loi qu'il y a deux sortes de santé et de vies humaines; qu'il y a des classes de la population dont les maladies, dont les infirmités et les misères doivent se passer de secours expérimentés et instruits; que pour le pauvre des villes, que pour l'habitant des campagnes, il suffit d'un médecin qui ne sait pas, qui n'a pas étudié, qui ne s'est pas préparé par la connaissance théorique et pratique de la science à l'exercice d'un ministère qui dispose de la vie des hommes. On veut donc des études, de l'instruction , un enseignement sérieux. Mais alors où fixera-t-on la limite ? Outre que le départ des connaissances nécessaires et de la science de luxe est difficile à faire; que les hommes les plus éminens et les plus compétens échouent dans la tentative d'arrêter ce programme, d'écarter du catalogue des maladies, celles que ne saura pas traiter le médecin de nos campagnes, et du catalogue des études celles auxquelles il sera étranger , toutes distinctions posées soulèvent cette difficulté qui est la question même. Si vous abaissez la limite, vous faites des médecins ignares et dangereux, et si vous joignez à cette condition celle de n'exercer que dans certains lieux et pour certaines classes, vous rencontrez toutes les résistances du sentiment public. Si , au contraire, vous placez haut les conditions de savoir et les garanties, les familles n'ont plus intérêt à détourner vers le second ordre l'esprit et la vocation des jeunes gens. On exige d'elles des sacrifices qui ne sont pas assez différens de ceux qui suffisent pour frayer l'accès au premier ordre. L'équilibre est rompu entre les dépenses du père et les perspectives du fils. Du moment, par exemple , que par la distinction du licencié et du docteur, vous vous bornez à demander une année d'études de plus, toutes les familles se résigneront à cette année de plus pour s'assurer tous les avantages qu'elle promet à leur naturelle ambition , et si , pour éviter cette conséquence certaine, vous donnez au licencié les mêmes droits qu'au docteur, si l'un et l'autre peuvent desservir la ville et la campagne, se disputer la même clientèle, se confonfondre de tous points, être de tous points égaux, le doctorat n'est plus qu'un titre vain, il n'y aura plus que les aspirans au professorat qui y prétendront.

Ainsi l'examen attentif de la question conduit à reconnaître qu'on ne peut élever l'instruction des officiers de santé sans arriver par le fait à un seul ordre de praticiens; que le fait produirait ce que le législateur aurait hésité à vouloir et à proclamer ; que seulement on aurait des difficultés d'exécution, un abaissement général de la profession médicale, un abaissement des conditions scientifiques qui ne serait compensé pour la société par aucun soulagement réel. Ainsi on est forcément entraîné à admettre comme base de la légalisation le principe général et fécond de l'ordre unique, principe qui donne au corps médical une heureuse et utile unité, principe qui permet d'exiger de tous ses membres la mesure d'instruction voulue par la mission qu'ils doivent remplir, principe qui respecte le plus profond et le plus intime des sentimens de notre temps et de notre pays, en donnant pour base à notre organisation médicale tout entière la déclaration que, quels que soient les rangs et les fortunes, tous les intérêts de la santé humaine sont égaux devant la loi. Cette solution ne peut être contestée évidemment qu'à un seul point de vue, au point de vue de la constitution du corps médical, de l'organisation des écoles et des études, des principes généraux de notre législation et de notre société. Il n'y a point de doute, tout est avantage. Mais dans ces termes, trouvera-t-on des médecins pour nos campagnes? Les hommes qui auront fait les études et les sacrifices nécessaires pour parcourir le cercle entier des connaissances médicales, pour s'investir de ce grade élevé du doctorat, consentiront-ils à desservir les parties incultes et pauvres de notre population, à habiter des lieux sans ressource d'esprit ni de fortune, à enfouir leurs titres, leurs lumières, leur ambition légitime, dans des contrés où tout cela sera perdu et stérile.

Voilà l'objection, elle est unique, elle est puissante, elle ne nous a point arrêté.

En point de fait, aujourd'hui, dans l'état présent des choses, il y a des docteurs dans les campagnes, quelquefois dans les départemens les plus pauvres et les plus reculés, et des officiers de santé dans les villes les plus populeuses et les plus opulentes. Il n'y aurait donc qu'une prescription formelle de la loi qui pourrait assurer aux docteurs le domaine exclusif des villes, tenir les officiers de santé, de quelque nom qu'on les appelle, circonscrits et captifs dans les campagnes. Or, cela, nous le tenons pour impossible.

La population médicale du royaume paraît s'élever à environ vingt mille praticiens, ce qui donne à peu près un médecin par 1,750 habitans, mais répartis de la façon la plus inégale sur la surface du territoire, à ce point qu'il est des départemens où la proportion est à peine de 1 sur 6,000, répartis inégalement, sans qu'on puisse assigner à cette inégalité de causes appréciables. On est surpris de voir les départemens des Basses-Alpes, des Landes, des Hautes-Pyrénées figurer parmi les plus favorisés et approcher, sous ce rapport, du département de la Seine et de la ville de Paris même, tandis que les départemens si riches et si populeux de la Manche, de la Meurthe, de la Moselle, figurent à l'autre extrémité de l'échelle. Sur l'ensemble de la population médicale, on compte près de 12,000 docteurs contre plus de 8,000 officiers de santé, et ce ne sont pas les départemens pauvres, ceux dont la population offre aux médecins les perspectives les moins favorables, qui attirent en plus grand nombre les praticiens de second ordre, et l'on remarque que, dans les départemens de l'Aisne, de l'Aude, des Bouches-du-Rhône, de la Charente, des Côtes-du-Nord, de la Dordogne, de la Haute-Garonne, d'Ille-et-Vilaine, du Nord, du Pas-de-Calais, des Hautes-Pyrénées, des Pyrénées-Orientales, de la Seine-Inférieure, de l'Yonne enfin, les officiers de santé l'emportent quelquefois de plus du

double sur les docteurs, tandis qu'ils sont loin de constituer le chiffre élevé
de la population médicale que nous avons signalé dans le département des
Basses-Alpes, que nous aurions pu signaler dans le Gers ou dans le Var;
car dans ces départemens on compte jusqu'a deux ou trois docteurs contre un officier de santé (1).

Cet état de choses démontre que, sous l'empire d'une organisation où
les familles avaient tout à gagner à diriger leurs enfans vers le second degré plutôt que vers le premier, le premier l'a emporté de beaucoup dans
leur légitime préférence, bien que les chances d'avenir, les perspectives
de fortune fussent presque égales. D'où l'on peut conclure, que lorsque
le choix ne leur sera pas laissé, lorsqu'elles ne seront pas sollicitées par
la loi elle-même à reculer devant une forte instruction et le sacrifice qu'elle
entraîne, le recrutement du corps médical ne sera en rien affaibli. Il est
permis de croire, on peut même annoncer avec assurance que, la profession se relevant dans la considération publique dans la même proportion
que s'élèveront les conditions d'études, les familles aisées mettront de plus
en plus à honneur de diriger la vocation de leurs fils vers une carrière si
honorable, si sûre et si indépendante. Il est pas moins certain que les élèves des écoles, qui, aujourd'hui, dans leur découragement, leurs faiblesses,
leur dissipation, se détournent plus ou moins promptement du but que la
sollicitude paternelle leur avait tracé pour demander aux jurys médicaux
un diplôme qui coûte moins de travail que celui des Facultés, et qui leur
vaut presque autant, redoubleront d'ardeur et d'efforts quand cette déplorable facilité ne leur sera plus offerte, et qu'il faudra, pour avoir un état,
soutenir jusqu'au bout les épreuves voulues et mériter le doctorat. L'expérience a démontré que le mouvement des docteurs reçus est en proportion
inverse de celui des élèves inscrits ; que si, par exemple, par l'exigence
du baccalauréat ès-sciences, le nombre des élèves des Facultés tombe tout à
coup, de 1837 à 1838, du nombre de 1,639 à celui de 1,331, le nombre des
docteurs admis s'élève, dans le même laps de temps, de 618 à 634, parce
que les cours sont suivis par des étudians plus instruits, plus appliqués,
plus résolus à tirer parti de leurs sacrifices et de leurs efforts passés dans
l'intérêt de leur avenir.

La crainte de compromettre les intérêts généraux de la santé publique
ne peut donc pas arrêter le législateur. Elle peut d'autant moins l'arrêter,
qu'en admettant que ses hypothèses et ses combinaisons fussent démon-
trées par l'expérience, les effets du régime nouveau ne seraient pas de

---

(1) Voir la statistique du personnel médical en France, par M. Lucas-Champion-
nière.

longtemps sensibles. La loi, bien évidemment, n'aura pas et ne peut avoir d'effet rétroactif. Tous les praticiens pourvus d'un titre régulier continueront d'exercer. La dépopulation ne pourrait donc pas, avant un grand nombre d'années, se faire sentir dans le corps médical. Si le législateur voyait ce résultat inattendu se produire, si les deux cinquièmes des praticiens du second degré qui existent aujourd'hui n'étaient pas successivement remplacés, comme nous en avons la ferme confiance, par des praticiens du premier, il serait toujours facile de revenir à la solution contre laquelle nous croyons que l'opinion générale et la force des choses protestent.

Hâtons-nous d'ajouter que, sans partager les craintes que nous venons de signaler, nous avons, dans tout le mécanisme de la loi, pris des précautions multipliées contre la possibilité d'un tel danger. Dans ce but, nous fortifions, ainsi que nous l'exposerons bientôt, les écoles préparatoires placées plus près des familles, afin de les tenter, pour ainsi dire, en diminuant leurs sacrifices et en satisfaisant leur sollicitude. C'est dans ce but que nous multiplions les facilités pour la recherche du reste indispensable, du baccalauréat ès-lettres et du baccalauréat ès-sciences ; c'est dans ce but, enfin, que nous proposons l'adoption de deux institutions qui ne sont nouvelles ni l'une ni l'autre, l'une qui fut essayée avec succès sous la république et sous l'empire, l'autre qui est appliquée aujourd'hui même par le zèle éclairé de quelques conseils généraux, notamment dans les deux départemens de l'ancienne Alsace. Nous voulons parler de l'établissement de bourses médicales dans les écoles et dans les Facultés, et des médecins cantonaux.

Ces deux mesures suffisent dans notre conviction, et au-delà, pour donner la certitude que toutes les localités et toutes les populations seront desservies. Nous nous réservons d'en exposer plus loin l'organisation. Nous devions ici nous borner à faire connaître les motifs de cette disposition capitale et souveraine de la loi qui n'admettrait plus pour un même ordre de services un même ordre d'études, d'épreuves, de diplômes. La science ne peut pas être scindée plus que la société ; ce principe domine la loi tout entière que nous avons l'honneur de vous proposer.

La loi impose au docteur qui veut pratiquer l'obligation de faire enregistrer son diplôme au chef-lieu de l'académie et du parquet de la cour royale, en le laissant libre, du reste, d'exercer dans tout le royaume. L'accomplissement de cette formalité est ce qui fait du docteur le chirurgien ou le médecin. On pourra ainsi placer la profession sous des sauvegardes qui lui ont manqué jusqu'à ce jour, la défendre d'usurpation et de fraude dont rien ne la prémunit aujourd'hui. La loi, en même temps, élève la peine de ces usurpations. Nous croyons qu'une analogie naturelle nous permet d'emprunter au Code pénal les dispositions dont il frappe les usurpations de titre et les usurpations de fonctions. Aucun titre et aucune fonction n'étant plus important à préserver de l'usurpation coupable et de l'usage illicite dont chaque abus met en péril la vie des hommes, la peine de six mois à deux ans d'emprisonnement ne nous semble avoir rien d'excessif pour punir ce dol public, pour conjurer ce danger public. Et en même temps, la latitude laissée aux juges dans des matières où son appréciation ne peut être renfermée par la loi, dans des limites de cas et de faits toujours prévus d'une manière précise, nous permet d'appliquer à toutes les circonstances qui constituent, à des titres et à des degrés différens, l'exercice illégal de la médecine, une même pénalité, de telle sorte que nous évitons l'inconvénient de faire un Code pénal tout entier, à l'occasion d'une loi médicale, par une prévoyance minutieuse qui risque d'embarrasser inutilement la justice, qui complique la législation, et que les faits viennent toujours tromper.

Le titre Ier maintient le principe de la loi du 10 mars 1803, sur la Faculté accordée aux médecins étrangers d'exercer en France avec l'autorisation du roi. Il nous a paru qu'il n'était pas de l'esprit de la France, qu'il n'était pas de sa politique, de fermer d'une façon absolue à l'étranger l'accès de ces fonctions. La France considère comme siens tous les hommes qui ont bien mérité de l'humanité par la science ou les services. Elle ne refuse pas, pour les populations françaises, les secours de l'homme de l'art que l'attrait de notre sol ou de nos lois, l'amour de la science, que de grandes infortunes nationales ont amené parmi nous. Quelques vives qu'aient été les réclamations élevées à cet égard, nous sommes convaincus que l'hospitalité française se soulèverait contre une telle interdiction. D'ailleurs, l'administration se doit la justice de déclarer que le principe de la loi de 1803 n'a pas eu les conséquences qu'on lui a généralement attribuées. Le gouvernement a toujours été sobre d'autorisations. Le nombre s'est rarement élevé à plus de trois ou quatre chaque année, et s'il est arrivé, ce qui probablement a fait croire à l'abus et à excité les plaintes; s'il est arrivé, disons-nous, que beaucoup de médecins étrangers, surtout à Paris et dans les départemens frontières, aient exercé sans autorisation du roi, nous nous prémunissons contre ce danger pour l'avenir en soumettant à la formalité de l'enregistrement l'ordonnance d'autorisation. En même temps, nous introduisons une mesure nouvelle et parfaitement légitime; nous voulons que la demande d'autorisation soit précédée d'une déclaration d'équivalence des études et diplômes de l'étranger, délibérée en conseil royal de l'Université. Il est parfaite-

ment juste que la France exige du médecin auquel elle accorde l'hospitalité les garanties d'instruction et de savoir que la loi réclame des natio-
naux; mais, cette équivalence établie et déclarée par les juges compétens,
le roi use de sa prérogative soit dans l'intérêt de la population française,
soit dans l'intérêt de ses rapports avec les puissances étrangères, soit au
point de vue des égards dus à une bonne renommée ou à des infortunes
populaires. Quel qu'il soit, il limite le droit qu'il confère à une contrée
déterminée où les secours de l'art ne sont pas assez abondans; quel qu'il
soit, il le restreint aux compatriotes du médecin étranger, quand ces
compatriotes, rassemblés en grand nombre sur un même point, considè-
rent comme un intérêt sérieux, et quelquefois comme un motif déterminant de leur séjour, l'avantage de conserver sur le sol français les méthodes et la pratique de leur pays. Ces dispositions, on le voit, sont aussi
conformes à l'intérêt bien compris qu'à l'esprit de la France. Nous maintenons formellement, à ce double titre, sous les réserves et avec les garanties que nous avons indiquées, le droit de la couronne.

En même temps que nous nous sommes attaché à circonscrire d'une
façon conforme aux intérêts de la science la pratique médicale, nous
avons cru nécessaire de préserver le corps médical du contact de quiconque ne serait pas digne du ministère que la société lui confie. La loi
a le droit d'être sévère, car elle confie au médecin un monopole absolu
et redoutable. Elle le défend avec une sollicitude jalouse contre toutes
les concurrences illégitimes; elle peut, elle doit veiller à ce que la société trouve en lui toutes les garanties morales qui sont la sécurité des
familles. Nous proposons de déclarer l'incapacité absolue de tout médecin
qui aura été condamné par les tribunaux criminellement ou correctionnellement pour des faits rigoureusement énumérés et tous, sans contestation, condamnés par la morale publique. Nous demandons que les tribunaux puissent même prononcer cette interdiction contre tout médecin
qui aura encouru une condamnation juridique : il faut songer qu'il
n'existe pas à l'égard du corps médical, et, dans notre conviction, il ne
peut pas exister de pouvoir disciplinaire. Ce pouvoir serait si nécessaire
à la dignité du corps et à la considération de ses membres, qu'il en a
sans cesse réclamé l'établissement. C'est un des vœux qui ont été le plus
constamment et le plus vivement exprimés. Mais, même en confirmant
dans le dernier titre de la présente loi l'institution des conseils auxquels on a généralement proposé d'en confier le dépôt, nous ne
croyons pas que ce pouvoir, intérieurement judiciaire, soit applicable à
la nature du corps médical et aux intérêts qui le constituent. Il n'est pas,
comme l'ordre des avocats, rassemblé dans quelques centres de popula-

tion et de lumières. Il est épars sur toute la face du territoire : les faits qui pourraient donner lieu aux vindictes de ses conseils, ne se passent pas à la clarté du jour : ils sont obscurs, incertains, contestés, difficiles à établir. Les rivalités d'homme à homme, les hostilités pour des intérêts étroits, sont toujours possibles et risqueraient d'exercer une influence aussi contraire à la dignité des juges qu'aux principes de la justice. Enfin l'ordre des avocats, quand il exerce sur lui-même cette action toujours périlleuse, ne l'exerce que sous les yeux et sous l'autorité d'un pouvoir plus grand, plus fort, plus auguste. Le tribunal, la cour royale, sont les contre-poids permanens et respectés de cette juridiction domestique. Rien de semblable ne pourrait être établi à l'égard des conseils médicaux. Ils seraient forcément livrés à eux-mêmes, le juge n'agirait ni sous l'œil de ses justiciables, ni sous celui d'un juge supérieur et souverain. Toutes ces raisons et beaucoup d'autres qu'on y pourrait ajouter nous ont paru décisives dans la matière. Par cela même, nous croyons devoir remettre aux mains de la justice une autorité plus grande à l'égard du corps médical, et nous devons dire que nous demanderons aux législateurs de procéder ainsi dans un autre ordre de questions, à l'égard de ces maîtres libres qui seront à l'esprit et à l'ame ce que le praticien est au corps, des corrupteurs et des meurtriers, s'ils n'étaient pas des guides et des médecins.

En résumé, le premier titre de la loi comprend et décide toutes les questions relatives à l'art de guérir : l'ordre unique de praticiens ; la faculté d'autorisation, dans des conditions déterminées, à l'égard des médecins étrangers ; des mesures transitoires et parfaitement bienveillantes à l'égard des officiers de santé actuels ; le renvoi à des réglemens d'administration publique de toutes les questions qui concernent les sages-femmes dont il faut fortifier l'organisation et l'enseignement ; les dentistes, que la loi peut maintenir avec de suffisantes précautions et de sages réserves ; les oculistes, qui ne peuvent être maintenus qu'à titre provisoire et après certaines épreuves ; les orthopédistes, les bandagistes, qui ne peuvent exercer que sous l'autorité d'un médecin et sous sa responsabilité ; les chirurgiens herniaires, les renoueurs et autres empiriques ou charlatans irréguliers et dangereux, qui doivent entièrement disparaître ; définitions simples et précises de l'exercice illégal de la médecine, précises assez pour rassurer la société en étant assez larges pour laisser à la conscience du juge le moyen de discerner les faits et de ne pas confondre l'assistance charitable avec la spéculation illicite qui la compromet ; pénalité appropriée à toutes les infractions qu'une loi de cette nature peut rencontrer sur sa route ; enfin institution de garanties morales calculées dans l'intérêt de la famille et de la société, et par cela même dans l'intérêt d'une corporation dont les priviléges ne peuvent avoir d'autre source que la sécurité de la famille et celle de la société.

TITRE II.
Conditions d'etudes.

Le titre II décide plusieurs questions importantes.

Il maintient la division actuelle entre les facultés et les écoles préparatoires.

Il conserve le nombre actuel des facultés, Paris, Montpellier, Strasbourg, et n'en créc pas de nouvelles.

Il se toit sur le nombre des écoles préparatoires qui est de vingt aujourd'hui, et laisse à l'avenir ou à d'autres lois à décider si quelques-unes de ces écoles dont l'enseignement est le moins prospère, ne devront pas être supprimées.

Il confère aux écoles préparatoires, en la restreignant aux deux premières années d'études médicales, l'égalité absolue pour ces deux années.

Il constate cette égalité en investissant les écoles préparatoires du droit nouveau de conférer comme les facultés un premier grade médical, qui sera le baccalauréat.

Il maintient aux facultés le droit de conférer seules et sans partage la licence et le doctorat, introduisant ainsi dans l'enseignement médical la division des trois grades qui existe dans tous les autres ordres de facultés, mais ne permettant, pour éviter les abus possibles, que la délivrance d'un seul diplôme, celui qui termine les études et ouvre une carrière.

Il fixe à cinq années le cours d'études nécessaires pour ce grade de docteur, exigé à l'avenir de tous les praticiens français.

Il fonde les études médicales sur la double base du baccalauréat ès-lettres préalable et du baccalauréat ès-sciences, en accordant aux étudians des écoles préparatoires l'autorisation nouvelle de ne justifier de ce grade qu'un an après leur inscription dans la faculté; et pour le grade même de bachelier ès-lettres, il crée de nouvelles facilités et admet le candidat qui a échoué une première fois à prendre, à titre provisoire, une inscription en médecine, en attendant de nouvelles épreuves, afin qu'un insuccès, qui peut être promptement réparé, n'entraîne pas pour eux et pour leurs familles, qui comptent les sacrifices avec angoisse, la perte d'une année.

Enfin, il renvoie aux règlemens délibérés en conseil royal de l'Université le régime entier des études, et détermine, par des dispositions transitoires, la position des aspirans actuels au titre d'officier de santé, en leur donnant la faculté de se pourvoir encore de ce titre s'ils ne remplissent pas les conditions voulues pour arriver au doctorat.

Les villes de Paris, de Montpellier, de Strasbourg conservent le privilége exclusif de posséder des Facultés de médecine. Le temps a consacré ce privilége. Une grande renommée s'attache à l'enseignement de ces trois écoles illustres. Si des villes importantes, Lyon, Rennes, Bordeaux, qui ont des écoles préparatoires florissantes, de grandes collections, de vastes hôpitaux, une population nombreuse et un corps médical renommé pour la science et les lumières, aspirent à partager l'honneur d'un enseignement médical complet avec Montpellier et Strasbourg, sans que ces deux Facultés, par l'éloignement des lieux, puissent avoir a souffrir d'une telle création, le gouvernement du roi a pensé qu'il n'y avait pas lieu d'innover; que l'ancienneté des écoles et leur illustration consacrée est ce qui fait leur autorité; que les grands centres de population ne sont pas nécessairement les bons centres d'études; que les grades risqueraient de fléchir et de s'abaisser si on multipliait les corps chargés de les conférer, et que par là les études s'affaibliraient inévitablement par l'effet d'une loi qui n'a d'autre but que de les élever. La constitution définitive qui est proposée pour les écoles préparatoires a paru l'unique part qui fût à faire à la diffusion de l'enseignement et aux progrès du temps. Ces écoles désormais seront des annexes des Facultés; elles participeront au droit de conférer les grades; cet acte solennel marquera leur rang dans l'Université, et par le lustre qu'elles en recevront, les familles seront de plus en plus encouragées à leur confier leurs enfans.

Dès aujourd'hui, les écoles préparatoires sont dignes, par les services qu'elles rendent, de la confiance que l'État leur témoigne. Les 1800 étudians que compte l'enseignement médical se partagent presque également entre les trois facultés et les écoles préparatoires. Encore est-il juste de dire que c'est Paris, avec son immense attrait, qui fait la supériorité de la faculté sur les écoles préparatoires.

```
Paris compte. . . . . . . . . . . . . . . . .   800 étudians.
Montpellier. . . . . . . . . . . . . . . . . .  175
Strasbourg. .  . . . . . . . . . . . . . . . .   77
```

Les écoles préparatoires qui se divisent ainsi :

Amiens.	48 étudians.		Lyon.	73 étudians.
Angers.	37		Marseille.	38
Arras.	32		Nancy.	32
Besançon.	39		Nantes.	45
Bordeaux.	51		Orléans.	36
Caen.	22		Poitiers.	24
Clermont.	28		Rennes.	70
Dijon.	30		Rouen.	42
Grenoble.	31		Toulouse.	72
Limoges.	32		Tours.	41

Ces centres d'études multipliés ont pour l'enseignement des avantages considérables : l'accès plus libre et plus facile dans les jardins botaniques, dans les collections , dans les amphithéâtres , dans les hôpitaux, aux lits des malades ; la parole du maître , écoutée de plus près , plus personnelle sinon plus fréquente , et pour les familles la proximité, l'économie, la sécurité. C'est par ce motif que nous accordons aux élèves des écoles préparatoires qui ont fait deux années d'internat dans les hôpitaux, de compter ces deux années pour quatre inscriptions dans les facultés. Les avantages d'une pratique assidue nous rassurent dans l'intérêt des études , et nous sommes certains qu'en réduisant, dans ce cas , à deux années au lieu de trois le séjour nécessaire des élèves dans les facultés , en diminuant les dépenses et les dangers du séjour des grandes cités, nous sollicitons puissamment la tendresse paternelle en faveur d'une profession dont l'accès lui présente ces heureuses facilités.

Cette pensée nous a fait instituer le baccalauréat en médecine pour en doter les écoles préparatoires au même titre que les facultés. Elle n'est pas la seule. Le baccalauréat pourra nous fournir une épreuve utile pour les professions spéciales dont les règlemens d'administration publique auront à déterminer l'exercice. La division des trois grades offre aux études des repos à l'ambition naturelle des jeunes gens, des satisfactions dont les autres facultés ont reconnu les avantages, même pour les grades qui n'ont aucune efficacité extérieure, comme le baccalauréat en droit, par exemple. Enfin, il convient à l'Université que toutes les facultés aient les mêmes procédés, les mêmes méthodes, les mêmes grades, la même organisation. Cette symétrie sied à un corps qui trouve une partie de son éclat et de sa force dans sa vaste unité.

Mais nous avons dû réserver aux facultés le droit de conférer seules la licence et le doctorat; c'est ce droit qui fixe leur véritable caractère, leur haute magistrature. Il fallait le leur réserver, ou bien ce ne sont pas six facultés qui auraient été créées, nous en aurions eu vingt : personne n'y pouvait penser. La multiplicité des facultés de l'ancien régime est assurément ce qui avait fait tomber les études médicales. Il s'était établi une rivalité d'indulgence telle qu'il s'était vu des universités envoyant purement et simplement le diplôme des grades à qui l'avait demandé et payé. La sérieuse et forte organisation de l'Université nous mettrait à l'abri de semblables abus, de semblables dangers. Mais la constitution des écoles préparatoires n'est pas appropriée au besoin de l'enseignement supérieur. Il faudrait dans leur matériel, dans leur personnel, des changemens et des développemens qui ne seraient pas au pouvoir de l'administration, qu'il n'est pas au pouvoir de la loi d'introduire tout à coup.

C'est toujours l'objection faite plus haut, à Lyon, Rennes, Bordeaux, étendue à toutes les écoles ; l'objection est trop évidemment sans réponse.

Ainsi, tout étudiant en médecine devra se partager entre les écoles préparatoires et les Facultés, ou suivre dans une Faculté le cours entier de ses études ; ce cours sera de cinq années. Le Congrès médical, si nombreux et si compétent, n'a pas hésité à demander unanimement cette disposition. Les maîtres de la science sont tous d'accord, sans exception, pour reconnaître l'insuffisance des quatre années dont se contentait forcément le Consulat lors de la reconstruction de l'ordre social. Quatre années ne suffisent pas aujourd'hui pour parcourir le cercle entier des connaissances indispensables, depuis que le progrès des esprits et la force des choses ont poussé les professions médicales à l'unité. La chirurgie et la médecine, ces deux grandes divisions qui pendant tant de siècles ont séparé en branches distinctes le corps médical et toutes les branches accessoires à la suite de celles-là, se sont réunies et confondues. On a reconnu que l'art opératoire exigeait la science approfondie de toute la pathologie humaine, et que l'étude des affections sans nombre qui altèrent, affaiblissent, détruisent l'admirable et frêle machine de notre organisation, nécessite cette connaissance exacte et certaine de toutes les parties du corps de l'homme que l'anatomie seule peut donner.

On a reconnu de la même manière que la clinique interne et externe, que la pathologie dans sa multiplicité infinie, que l'anatomie enfin ne constituait pas toute l'instruction de l'homme qui se dévoue à veiller sur la santé de ses semblables. L'homme est le perpétuel sujet des études du médecin ; mais c'est la nature extérieure qui est l'élément essentiel et constitutif de la médecine, c'est elle qui présente les causes délétères et les substances bienfaisantes, qui crée le mal par le milieu où nous vivons, qui promet les remèdes à l'étude, sous la condition qu'elle sache les reconnaître et les combiner. Les sciences naturelles sont donc une partie fondamentale de l'enseignement. La botanique, la chimie, la pharmacie, la physique médicale, la toxicologie tiennent dans le programme des cours une place aussi nécessaire que la physiologie et la thérapeutique, les opérations et appareils, le. accouchemens, et enfin toute cette suite d'études théoriques et pratiques qui sont le fond même de l'enseignement et de la science. Nous pourrions ajouter la médecine légale, plus indispensable chaque jour depuis qu'on a découvert les secours que la science peut prêter à la justice pour l'exécution des lois et leur vindicte.

C'est donc en réalité l'encyclopédie de l'art médical qui doit passer sous les yeux de l'élève. Aussi, partout va-t-on plus loin que nous ; dans des pays où nous croyons les études moins fortes que parmi nous, et où des travaux récens nous ont appris combien elles sont approfondies, en Espagne, par exemple, on exige six ou sept années pour le doctorat. Nous croyons qu'avec la constitution donnée à l'enseignement, avec les ressources assurées à la clinique, c'est-à-dire à l'observation sur place des maladies et des soins donnés, avec les progrès de l'anatomie humaine et comparée, avec les répétitions, les épreuves instituées, cinq années peuvent suffire, mais elles sont indispensables.

Cette exigence nous a paru devoir être compensée par un avantage nouveau fait aux familles. Il n'y a pas uniformité dans les prix des inscriptions, des examens, des diplômes auprès des divers ordres de facultés. Les études médicales sont plus chères que les études de droit; il n'en coûte aux familles que 864 fr. pour faire un avocat, il leur en coûte 1,150 pour faire un médecin. Cette proportion est d'autant moins justifiée que le médecin a déjà fait les frais d'un baccalauréat de plus, celui des sciences naturelles, et que l'enseignement médical ne lui assure qu'une seule profession, tandis que le droit ouvre un accès à toutes les carrières publiques. Sans faire descendre la loi à fixer des chiffres que les règlements peuvent utilement déterminer et modifier, nous vous proposons, messsieurs, de poser le principe que l'ensemble des droits perçus à l'égard du médecin ne pourront jamais dépasser ceux qui seront fixés à l'égard de l'avocat. Cette disposition tient à l'observation du rang que les diverses professions occupent dans la société, autant qu'à notre recherche attentive des moyens de maintenir à son niveau, dans le régime nouveau que nous instituons, la population médicale du royaume.

Les facilités offertes pour les grades accessoires (les deux baccalauréats) sont dictées par le même esprit, et ne demandent pas d'explication.

TITRE III.

Enseignement de la médecine.

Ce titre est l'un des plus importans de la loi; il constitue l'organisation de l'enseignement dans les facultés et dans les écoles préparatoires; il statue sur les programmes d'études en les confiant à la haute sollicitude du conseil royal de l'Université, dont les travaux seront éclairés par les délibérations préalables de la haute commission des études médicales, corps qui ne prend pas place encore dans la loi, mais qui déjà prête aux décisions de l'Université l'utile appui de son concours et de ses lumières. Il pose en principe le changement de régime des écoles préparatoires, leur affranchissement du joug des communes qui les rétribuent, leur mise à la charge de l'Etat, mesure indispensable à leur sécurité, à leur dignité, à leur progrès. Dans l'état présent des choses, elles n'ont qu'une existence précaire; un vote municipal peut les circonscrire, les mutiler, les détruire. Un vote récent du conseil municipal d'Orléans a fait voir que ce n'était pas une appréhension vaine. Nous proposons de laisser à la charge des communes le matériel et les collections, dont on pourra faire une dépense obligatoire. L'Etat trouverait successivement le corps des professeurs, comme les autres membres de l'Université, et par là l'institution des écoles préparatoires obtiendrait le caractère définitif et élevé qui doit assurer leur succès.

Ce titre règle la composition du corps des professeurs, leur recrutement, toutes les questions qui se rattachent au concours, tous les développements qu'attendait l'institution heureuse et féconde de l'agrégation; c'est assez dire qu'il se recommande particulièrement aux méditations de la chambre des pairs.

Le corps des professeurs ne peut pas suffire à sa tâche : l'enseignement doctrinal et pratique écrit dans les programmes n'est pas toute l'instruction et toute l'assistance qu'attend dans les écoles la jeunesse laborieuse qui s'y presse. Elle a besoin d'un secours de tous les momens pour puiser dans les collections, pour s'instruire aux préparations, aux appareils, aux dissections, pour répéter les cours des professeurs, pour compléter par des cours accessoires les leçons officielles, obligatoires, dont chaque année se compose. Les examens tels qu'ils ont été institués dans ces dernières années sont une partie essentielle du succès et de la force des études. Le corps des agrégés remplit ce ministère si laborieux et si utile. L'agrégation introduite dans les facultés de médecine a été un bienfait que la loi aura pour but d'affermir et d'étendre, elle prépare le recrutement facile et sûr d'un corps de professeurs ayant expérience, talent, autorité. Comment ce corps de professeurs sera-t-il choisi ? comment le seront les agrégés ? C'est là une des questions capitales de la loi.

Le concours a beaucoup d'ennemis, il en a d'éminens et d'illustres; c'est qu'il a des inconvéniens réels et considérables. Nous sommes convaincus qu'à tout prendre, il a encore plus d'avantages. D'ailleurs, il est dans l'esprit de nos lois, dans nos mœurs, dans nos idées, nous croyons fermement qu'il est désormais, si l'on peut s'exprimer ainsi, maître du terrain, qu'on échouerait à vouloir le lui disputer. C'est une de ces institutions qui, une fois introduites, ne peuvent plus être ébranlées, parce qu'elles reposent sur les sentimens les plus intimes de la nature humaine, sur les sentimens les plus profonds de la société française, ceux qui tiennent à l'idée d'égalité.

Ainsi, pour tous les degrés de l'enseignement, pour les facultés et pour les écoles préparatoires, pour le professorat et pour l'agrégation, nous admettons le concours comme base de toutes les nominations. Nous faisons avec conscience et satisfaction cette concession à l'esprit du temps. Nous croyons fermement que nul mode de choix n'est plus propre à exciter les généreuses ambitions de la jeunesse ; que nul non plus ne l'est davantage à mettre en relief et en lumière la valeur réelle des hommes qui se présentent hardiment à cette épreuve. Mais en même temps, nous ne laissons pas que de penser qu'à ces avantages, suivant nous incontestables, se mêlent des inconvéniens non moins positifs et qui méritent d'être pris en considération. Le concours fait admirablement connaître la force des candidats qui l'acceptent pour juge ; mais il écarte en grand nombre des candidats possibles, des candidats forts et dignes. Il donne, par un renversement des fins de la Providence et du bon ordre des sociétés, à la jeunesse la supériorité sur l'âge mûr ; à l'inexpérience aventureuse et confiante, sur la capacité éprouvée, sur le travail, sur l'observation ; à la parole, sur la méditation, sur l'étude, sur les services rendus ; à la mémoire peut-être, sur l'intelligence, sur la pratique ; enfin, au mérite extérieur et brillant, sur le mérite réel et solide. Par-dessus tout, il a le tort, si on l'abandonnait complétement à lui-même, de ne tenir aucun compte de la moralité humaine, d'ignorer tout ce qui est de la vie privée, de la dignité de l'homme, de ses droits à figurer dans le sacerdoce de l'enseignement. Ce seraient là des vices inadmissibles, si la loi ne tempérait son action par la prudente fermeté des règles qu'elle saura lui imposer.

Nous maintenons les règles existantes qui veulent que toutes les listes de concurrens soient arrêtées par le ministre de l'instruction publique en conseil royal de l'Université. Cette règle est la garantie de la morale publique, la sauvegarde du corps enseignant, nous ne pouvions l'abandonner.

Mais, en admettant pour l'agrégation la libre concurrence de tous les docteurs qui se sentent de force à affronter la lutte et de goût à fournir cette honorable carrière, fallait-il, comme cela est aujourd'hui, permettre aussi à tous les docteurs, sans distinction et sans acception, de concourir pour le professorat, de telle sorte que l'âge, les services rendus, la capacité éprouvée, les titres acquis dans l'enseignement même, dans l'agrégation, rien ne fût compté ; et que les hasards d'une seule lutte, les succès d'une témérité heureuse fissent de l'étudiant de la veille un professeur de Faculté, au détriment et à la place de l'agrégé dont les soins dévoués l'ont peut-être formé. — Le gouvernement du roi, Messieurs, ne l'a point pensé. Il croit que l'état actuel des choses est mauvais, et l'un de ses buts, en présentant la loi, est de le changer. Il croit l'état de choses mauvais à plusieurs points de vue. L'agrégation n'étant pas le premier degré nécessaire pour arriver au professorat, n'est plus un but assez haut placé pour solliciter vivement les nobles et fermes esprits que l'Université, dans tous les ordres d'enseignement, a intérêt de rassembler sous son drapeau. Placés entre le labeur quotidien multiplié, stérile peut-être de l'agrégation, et les perspectives de la clientèle, beaucoup de ces esprits actifs et studieux, qui recruteraient puissamment le professorat, doivent se détourner vers d'autres voies. En affaiblissant l'agrégation, on affaiblit le professorat du même coup, on l'affaiblit de plusieurs manières, par ce qu'on risque de lui enlever et par ce qu'on lui donne. Les adeptes jeunes et quelquefois brillans d'un concours peuvent ne pas avoir la maturité d'esprit, la gravité de mœurs, l'expérience de la pratique, l'autorité peronnelle qui sont nécessaires dans toutes les chaires de l'enseignement supérieur, et le sont dans celles de l'enseignement médical plus que d'aucun autre.

Et si on répondait ou si on insinuait seulement qu'entre l'agrégé et ses rivaux, l'agrégé sera le plus souvent préféré, il y aura là la révélation d'un fait possible, justifiable, fondé sur des motifs légitimes, mais qui tous prouveraient pour notre proposition, et nous établirions hautement que nous aimons mieux aller droit au but que d'y arriver par un détour ; que le détour aurait le double tort de ne pas laisser au concours la sincérité qui fait sa force et son honneur, en lui laissant tous ces inconvéniens, l'éloignement des hommes considérables, et celui de ces jeunes hommes d'élite dont nous parlions tout à l'heure, que l'incertitude des chances de l'agrégation a écartés de ces voies. Ainsi, messieurs, nous faisons de l'agrégation le marche-pied naturel pour arriver au professorat naturel, et non pas nécessaire, car nous faisons une concession à l'état actuel et à l'esprit régnant, en admettant à l'égal des agrégés non-seulement les membres de l'Institut qui sont de plein pied avec tout le monde, et qui ont passé par l'épreuve d'une élection préalable, la plus haut placée qui se puisse désirer, mais les membres de l'Académie royale de médecine qui participent de ces avantages, et les médecins mêmes des grands hôpitaux dont la nomination a été une première garantie et une première épreuve ; de telle sorte que nous ne puissions pas avoir l'inquiétude d'écarter jamais de l'enseignement les grandes renommées médicales, les longs services, le savoir, le talent, l'expérience, l'autorité. Tout cela est compris dans le cadre que nous traçons. La jeunesse sans titre ou qui n'a d'autre titre qu'elle-même, que la confiance qu'elle s'inspire et les forces qu'elle se connaît, trouvera ouvert devant elle le champ de l'agrégation.

L'agrégation placée plus près du but et dévouée à tous les efforts pour y atteindre, rencontrera des concurrens, mais comme elle éprouvés, hono-rés, considérables ; elle luttera avec ses pairs et peut-être avec ses maî-tres, car les anciens agrégés, ceux que les réglemens et la loi appellent agrégés libres, qui ne servent plus l'Université, mais qui servent par la clientelle la science et la société, ont conservé et conserveront le droit de concourir et seront conviés par ce privilége même à user de leur droit.

Nous croyons, en effet, que ce système compte parmi ses avantages celui d'inviter à la lutte des concours beaucoup des hommes graves et importans qui y répugnent aujourd'hui, de le faire ainsi entrer de plus en plus dans nos mœurs, en donnant davantage à chacun pour concur-rent ses égaux ; à la jeunesse le jeune homme qui a tant à gagner ; à l'âge mur, l'homme fait, qui a beaucoup acquis, qui a beaucoup à perdre.

Une de nos raisons d'espérer ce résultat, c'est un autre avantage que ce système nous présente dans la nature même, dans la matière des con-cours. Aujourd'hui, tous les efforts échouent à distinguer le programme des concours d'agrégation des programmes des concours pour les chaires vacantes dans les Facultés. Il faut que l'agrégé frais et moulu de l'école, et pouvant être appelé à répéter tous les cours, à examiner sur toutes les matières, réponde à ses juges sur toutes les branches de la science, qu'il soit encyclopédique, ce qui est plus facile à vingt-cinq ans que vingt ans plus tard. Plus tard, l'homme de valeur s'attache à savoir bien pour tout savoir. D'un autre côté, quand une chaire est vacante, on la met au concours, et le résultat de l'épreuve est de faire asseoir, quelquefois, au siége de la Faculté, un inconnu, un nouveau venu dans l'enseignement et dans la science. Le programme doit s'étendre à tout ce qui fait partie de la doctrine et de la pratique médicale. Il en résulte que le conconrs pour le professorat n'a pas et ne peut pas avoir, dans le système actuel, ce caractère spécial et précis qui donnerait seul des professeurs éminens. Un autre dommage résulte de cette multiplicité combinée du nombre des matières et du nombre des concurrens, c'est que les concours sont éternels, ils sont incessans, le temps des Facultés s'y épuise, les vacances se perpétuent ; avec les délais obligés, il ne faut pas moins d'un an pour les remplir.

Un jury qui emploie forcément tant de mois au jugement de tant d'hom-mes sur tant de choses, ne peut conserver, sur chacun et sur toutes, la plénitude de sa liberté d'esprit et de jugement. Le jugement est exposé à se vicier par sa durée même. Les distinctions que nous proposons parent à tous ces dangers. Le concours pour l'agrégation est général, il s'applique à toutes les matières de la science, il est moins approfondi, il est plus compréhensif. Le concours pour la chaire est spécial. La toxicologie, la thérapeutique, la pathologie, la médecine opératoire, la pharmacologie, la botanique, la physique médicale, l'anatomie, la clinique interne ou externe, appellent naturellement les maîtres de la science et tentent leur ambition quand ils n'auront à répondre devant tous juges et devant le public, cet autre juge supérieur à tous, que de ce qu'ils savent sans contestation mieux que personne. Le concours sera plus rapide, plus précis, plus vrai. On peut affirmer qu'avec ces restrictions, il donnera toujours des professeurs habiles et instruits aux facultés de Montpellier et de Strasbourg, de grands professeurs à la faculté de Paris.

Il y a, nous ne le dissimulons pas, une considération qui nous touche grandement : c'est la dignité du professorat, nous la croyons compromise dans l'état présent, non pas seulement par les facilités offertes aujourd'hui pour y parvenir à tout venant, et par les choix qui pourraient en résulter ; car nous sommes assez heureux pour pouvoir proclamer très haut que le fait vaut mieux que la règle. Le corps des professeurs s'est recruté constamment d'hommes distingués, graves, dignes du rang auquel ils sont parvenus de prime abord. Mais cela pouvait ne pas être ; nous ne sommes pas sûrs que cela fut toujours au même degré, et surtou nous trouvons le principe mauvais en lui-même. Nous trouvons fâcheux qu'on puisse sans antécédens et sans préparation, sans service dans le passé et sans garantie pour l'avenir, arriver de plein saut au faîte d'une carrière. La société actuelle ne le veut pour aucune carrière : nous ne le voulons pas pour celle de l'enseignement ; nous croyons qu'elle est une magistrature où chacun doit avoir fait ses preuves, dont les honneurs doivent avoir été non seulement conquis, mais mérités, qui a besoin d'un certain esprit, de certaines mœurs, une vocation antérieure dûment justifiée, et c'est encore à ce point de vue que nous insistons pour qu'il y ait un premier degré ou des équivalens qui en tiennent lieu.

Une question a été souvent élevée, celle des permutations. Nous vous demandons de la trancher selon l'esprit qui a dicté les dispositions que nous venons d'exposer. En voulant le concours, en acceptant résolument son principe, nous le voulons sans superstition ; nous n'admettons pas l'argument tiré d'on ne sait quel droit de tous les prétendans possibles sur chacune des chaires que les événemens peuvent rendre libres. A mes yeux, le droit véritable et souverain est celui de la jeunesse à avoir le meilleur enseignement possible ; celui de l'Etat, à donner cet enseignement. Tout le reste est accidentel et subordonné. Nous proposons de décider que lorsque des permutations seront demandées dans une même

faculté, le ministre, qui aura évidemment toujours consulté la haute commission des études médicales, puisse consentir à la mutation si elle est
dans l'intérêt de la science, et cette décision ne pourra être prise que
le conseil royal de l'Université entendu, parce que, en effet, le droit du
ministre se fonde uniquement sur l'intérêt de la science, et que c'est aux
juges les plus compétens et les plus élevés à le constater.

Nous appliquons cette disposition aux permutations de faculté à faculté ; nous l'appliquons aux vacances qui peuvent se produire dans une
faculté, l'expérience ayant démontré ce qu'il y a de dur et de violent à
tenir un professeur de Montpellier ou de Strasbourg captif dans un cli-
mat qui lui est funeste, loin d'un pays et d'intérêts qui lui sont chers,
quand le cours même qu'il enseigne se trouve vacant dans la contrée à
laquelle il aspire, et ce qu'il y a de compromettant, de contraire à tous
les intérêts du professorat, à lui permettre de descendre dans la lice
comme un simple athlète, lui le supérieur de ses concurrens, l'égal de
ses juges ; dangereux, quoi qu'il arrive, au corps dont il est membre, par
les soupçons de partialité qui planent sur la faculté dans laquelle il entre,
s'il réussit ; par le soupçon d'infériorité et de faiblesse qui pèse sur celle
dont il voulait sortir, s'il échoue. Nous pensons qu'un intérêt supérieur
à tout autre, celui de l'Université, domine la question ; que cet intérêt est
compromis par le découragement de tous les professeurs, si l'on pose
un principe d'immobilité à toujours ; compromis par leur apparition dans
les concours, si on leur permet de s'y présenter ; et comme l'intérêt de
l'Université serait ici la raison de décider, nous lui donnons également
le conseil royal pour juge. Enfin la mutation possible des facultés de département à la faculté de Paris est une question toute spéciale et qui
mérite un mûr examen.

Les positions dans les facultés de Paris sont de beaucoup supérieures
à toutes les autres. Dans ce grand corps de la magistrature française qui
a l'inamovibilité pour principe et pour sanction, on voit les premiers
présidens de cours royales consentir sans hésiter à des sacrifices considérables pour occuper un simple siége parmi les magistrats de Paris.
Tout tend vers Paris. Exigera-t-on que nos facultés seules en France
aient un autre esprit, quand l'enseignement de la capitale, joint à tous ses
autres attraits des avantages triples ou quadruples de ce qu'il est ailleurs ?
Que gagnerait-on à leur faire cette violence ? On privera Montpellier et
Strasbourg des hommes sûrs d'eux-mêmes, qui consentiraient à y passer
de nombreuses années, s'ils avaient la perspective d'obtenir, à force de
travaux, que la faculté de Paris quelque jour leur fût ouverte. On privera en même temps cette faculté éminente et illustre de tout ce qui se

manifestera d'esprits supérieurs dans les autres écoles. On perdra l'occasion de rompre ces tendances exclusives, cet esprit particulier, ce cours étroit d'idées et de doctrines qui risque de finir par dominer et caractériser chacune des facultés. Aussi n'hésitons-nous pas à demander que la fraternité de tout le corps enseignant soit constatée par l'application à la faculté de Paris du principe que nous proposons. Nous ajoutons aux garanties parce que le but est placé plus haut, et nous ne craignons pas de proposer une garantie générale qui s'appliquera à toutes les nominations, à toutes les écoles, et placera dans tout son jour le principe que le concours est la règle, que la mutation est l'exception. Nous proposons d'écrire dans la loi qu'en aucun cas il ne pourra y avoir trois vacances nulle part, Paris compris, sans que deux fois au moins, il n'y ait été pourvu par la voie du concours.

Après les détails dans lesquels nous avons cru devoir entrer sur cette grande question, il nous paraît superflu de vous entretenir longuement d'une organisation qui ne présente en elle-même aucune forme nouvelle et aucune difficulté sérieuse. Tous les droits des professeurs sont maintenus, ceux des agrégés s'étendent au profit de l'enseignement et point au détriment des maîtres. Avec le même nombre de chaires, on pourra, grâce aux agrégés, avoir un même nombre de cours. L'agrégation donnera à nos facultés quelques-uns des avantages de ces *private docent* que la France envie souvent à l'Allemagne. L'enseignement pourra être mobile, multiple, divers. Les agrégés qui se sentiront du talent, qui se croiront une vocation certaine, pourront aller sur les brisées des maîtres, sans lutter contre eux, mais en se plaçant à côté d'eux, et rajeunissant l'enseignement, sinon la science, par leur concours.

On a été frappé de l'inconvénient des professeurs blanchis en quelque sorte sous le harnois, qui se refusent à le déposer ; on a demandé qu'ils pussent, comme dans tous les autres services, être avertis par l'autorité des nécessités de l'âge, quand lui-même les empêche d'entendre ses conseils ; c'est un des vœux le plus formellement exprimé par le congrès médical ; nous avons annoncé à cette assemblée notre ferme intention de n'y pas souscrire. Nous croyons que c'est l'honneur de nos chaires dans les facultés de tout ordre de conserver aussi longtemps qu'il plaît à Dieu, les noms sacrés qui en ont fait la gloire. Il n'y a point de retraite pour les maréchaux de France, nous demandons qu'il n'y en ait pas pour les chefs de l'enseignement. Mais il nous paraît bien établi que la faculté, le conseil royal de l'Université et le ministre réunis, peuvent donner un suppléant au professeur émérite, l'inviter à laisser un agrégé porter un fardeau désormais trop pesant pour lui, et que l'État peut prendre à son compte les frais minimes de cette suppléance. Nous croyons concilier ainsi tous les intérêts, ceux de la jeunesse comme ceux de ses maîtres, et nous attendons avec confiance pour cette solution l'appui généreux des chambres françaises.

Ce titre de la loi pose encore plus qu'il ne tranche deux questions qui sont importantes pour la science et pour l'enseignement; l'une concerne l'établissement de laboratoires de chimie dans les facultés, établissement toujours demandé, jamais obtenu, et dont la science a encore plus besoin pour ses expériences que l'enseignement pour ses démonstrations; l'autre s'applique aux difficultés qui s'élèvent trop souvent entre les écoles de médecine et les administrations des hôpitaux au sujet des salles de clinique. Les administrations d'hôpitaux s'inquiètent par les motifs les plus légitimes de l'apparition de maîtres et d'étudians étrangers au chevet des malades, s'en inquiètent pour leur gestion, pour l'ordre intérieur, surtout pour ces malades si chers à leur charité. Mais il n'y a point de médecine sans enseignement médical et point d'enseignement médical sans observation, sans pratique quotidienne, et par conséquent sans cliniques, sans hôpitaux, sans malades. Il faut des morts et des vivans, il faut la nature, la nature déjà détruite ou morbide, c'est-à-dire prête à l'être, à l'étude de cet art qui fait servir toutes les misères dont Dieu a marqué la vie de l'homme à chercher les moyens de les combattre, et, quand Dieu le permet, de les guérir.

TITRE IV.
Boursiers et médecins cantonaux.

Ce titre complète et achève ce qui concerne la médecine dans la nouvelle loi, en proposant deux institutions considérables, les élèves boursiers dans nos Facultés et dans nos écoles préparatoires, et les médecins cantonaux dans nos campagnes. Ces deux institutions se lient l'une à l'autre par un seul lien et une pensée commune. Nous ne croyons pas à la dépopulation du corps médical, mais nous reconnaissons qu'il convient de la prévoir pour pouvoir au besoin la prévenir. Par les deux institutions que la loi propose, elle satisfait certainement à tout.

La loi de l'an 3, celle du consulat, avaient par les mêmes motifs institué des boursiers dans les écoles qui se relevaient. Nous ne craignons pas de dire que le temps n'a fait que développer des raisons de plus d'accepter cette pratique, et de la rétablir sur une échelle plus ou moins restreinte, suivant les besoins que l'avenir fera connaître; aujourd'hui une nombreuse jeunesse s'élève dans les colléges royaux, et plus encore dans les colléges communaux, sans avoir les moyens, son éducation une fois terminée, de se frayer une carrière. L'Etat, dans le choix des 1,800 boursiers qu'il nomme, s'applique à récompenser des services réels, à continuer dans le fils la situation que le père avait reçue ou qu'il s'est acquise. Les départemens et les communes nomment 1,200 boursiers sans être astreints et sans s'astreindre aux mêmes règles. Les boursiers communaux notamment sont généralement choisis sans aucune préoccupation de services et de position. Ces jeunes gens, pris dans les rangs de la société, où rien ne les a préparés à l'instruction élevée qu'ils reçoivent, arrivent à l'âge de choisir un état sans qu'aucun antécédent les dirige entre toutes les professions libérales qui s'ouvrent devant eux, et sans qu'aucune ressource paternelle leur vienne en aide pour traverser les débuts coûteux et difficiles d'une carrière.

Cet état de choses prolongé d'années en années est pour la société un mal réel; c'est un mal sérieux et déplorable pour ces jeunes hommes sans situation, sans fortune, sans état. Quelques bourses instituées dans l'enseignement supérieur, 100 par exemple, créées dans l'enseignement médical, offriraient à ces élèves de nos colléges un digne sujet d'émulation, et les aideraient à franchir le difficile passage de l'éducation à l'époque où elle peut, par un état, suffire aux besoins de celui qui l'a reçue. Ces bourses pourraient être de natures diverses ; elles pourraient se composer uniquement de la remise des droits, ou bien pour les moins aisés ou pour les plus méritans, d'une pension de 500 à 600 fr. qui durerait autant que le cours des études. La négligence dans les cours, l'insuccès dans les épreuves ferait perdre immédiatement ce bienfait public. Les communes et les départemens pourraient, comme l'État, instituer des bourses de cette nature, les instituer pour assurer les secours de la science aux contrées les plus laborieuses au point de vue du service médical. L'État devrait aussi attacher à celles qu'il instituerait la condition de desservir pendant quelques années les pays convenus dans l'engagement contracté. Rien assurément ne serait plus légitime que cette obligation librement acceptée, payée du don d'un État, et donnant la certitude de trouver sur le champ une clientèle, sinon riche et nombreuse, du moins toujours suffisante et à peu près égale aux avantages que des commencemens de carrière offrent partout ailleurs. Ce système donnerait au bout de dix années, sans charge considérable pour le trésor, un millier de médecins fixés dans les lieux où la population médicale se serait le moins portée, presque tous y ayant fondé un établissement définitif et satisfaisant ainsi complètement à l'attente du législateur.

Dans la loi, nous nous bornons à poser le principe ; les réglemens d'une part, et les lois de finances de l'autre, feraient le reste. Nous ne considérons pas l'adoption de ce principe comme une conséquence nécessaire de la suppression des deux ordres de médecins. Nous disons seulement qu'il suffirait à prévenir toutes les conséquences dont on se fait une objection contre le système de la loi, et c'est par d'autres raisons, à notre avis plus importantes et plus décisives, que nous le proposons.

L'institution des médecins cantonaux, que nous ne lions en aucune façon à celle des boursiers, a les mêmes caractères, aurait les mêmes résultats, et promet des avantages encore plus grands. Elle s'est établie d'elle-même par la sollicitude éclairée des conseils généraux dans les départemens qui ne manquent ni d'instruction médicale, ni de médecins, ni de richesses : dans le département de l'ancienne Alsace. Elle donne à la santé publique la sécurité d'un service officiel obligatoire et permanent; elle donne aux pauvres un médecin attitré, qu'ils appellent sans crainte et sans scrupule, sur les soins de qui ils se savent un droit. Elle donne à l'administration le concours assuré d'un homme de l'art qui l'éclaire sur tous les moyens de salubrité placés à portée des populations et de leurs magistrats. On peut affirmer que rien n'est plus digne d'une civilisation comme la nôtre qu'une telle institution, et que, généralisée, elle porterait avec le temps des fruits très supérieurs à tout ce qu'on en peut attendre.

Un titre officiel et un traitement modique suffisent pour déterminer bien des vocations : nous sommes convaincu qu'il suffirait de cette création pour porter vers la carrière médicale une foule de jeunes gens aisés qui auraient l'espérance de retourner dans le pays natal, pour y occuper une situation honorable et après tout productive.

Quel devrait être ce traitement? Sur quels fonds serait-il prélevé? Le serait-il sur ceux de l'État, des départemens ou des communes? Nous laissons à la loi de finance qui devra intervenir, la solution de ces questions.

TITRE V.

Enseignement de la pharmacie et conditions d'études.

La pharmacie est devenue une profession savante comme la médecine. L'exigence du baccalauréat ès-lettres et du baccalauréat ès-sciences pour les élèves qui s'y destinent, fait disparaître le caractère de négoce qui dominait, pour mettre à la place celui de science et de service public. La conséquence de cet état de choses éminemment favorable aux intérêts de la santé publique est de faire disparaître les deux ordres de pharmaciens et les deux modes différens de réception. Si on n'exigeait pas de tous les directeurs d'officine les mêmes conditions scientifiques, il est évident que certaines populations seraient compromises dans un service plus dangereux que celui de la médecine même, s'il est mal fait, pour la santé et la vie des hommes. Si on exige de tous ces conditions élevées, il n'y a nul intérêt, il n'y aurait nulle possibilité à introduire des distinctions entre des hommes qui auraient donné à la société de telles garanties.

La pharmacie a unanimement demandé l'établissement de cet état de choses; elle s'est honorée depuis quarante ans par ses efforts pour se placer dans la considération publique, par son instruction et ses lumières, au niveau de la médecine. Elle a élevé souvent le vœu d'être instituée en faculté distincte et indépendante. Ce vœu ne nous a point paru légitime. La pharmacie n'est pas une science propre, *sui generis ;* elle est un utile et docte emprunt aux sciences naturelles, dans l'intérêt de la science médicale : elle participe des premières par le principe, des secondes par le but; elle n'est point une branche particulière des connaissances humaines. Son enseignement se compose d'histoire naturelle, de chimie, de botanique, de physique, de toxicologie, de cours enfin qui se retrouvent exactement dans les deux ordres de facultés. Non pas qu'il faille conclure de ce fait, comme on l'a voulu quelquefois, que cet enseignement pût être supprimé et remplacé purement et simplement par celui des deux ordres de facultés. C'est bien un enseignement spécial distinct, à part de tout autre, car les cours empruntés aux sciences naturelles et à la médecine doivent être professés dans un esprit et à un point de vue particuliers pour un usage défini et technique, de sorte qu'aucun autre ne pourrait en tenir lieu. Mais la science même a des attributs généraux qui nous paraissent retrancher aux connaissances et à la pratique pharmaceutiques le caractère de faculté.

Par ces motifs, l'enseignement pharmaceutique doit rester indépendant, à moins d'être rattaché aux Facultés de médecine. Ce dernier parti a été adopté à l'égard de l'enseignement élémentaire ; les écoles secondaires où préparatoires desservent la pharmacie comme la médecine. Elles portent le titre d'écoles préparatoires de médecine et de pharmacie. Il paraissait naturel de procéder ainsi à l'égard des parties élevées et fondamentales de l'enseignement. Les trois écoles spéciales ou supérieures que la pharmacie possède à Paris, à Montpellier, à Strasbourg, auraient pu faire partie des trois Facultés et en former une section séparée. L'ordonnance générale de l'Université aurait gagné à cet état de choses qui semblait compléter cette assimilation des divers ordres de professions et de connaissances médicales qui avaient été longtemps l'ambition de la pharmacie. La pharmacie, aujourd'hui, s'inquiéterait d'une assimilation aussi complète, elle craindrait que la section spéciale ne conservât pas suffisamment la portion d'indépendance nécessaire à la bonne direction des études et à la dignité du corps. Nous n'avons pas vu d'intérêt sérieux à faire violence à des dispositions dont le principe, au moins, est légitime, et nous maintenons telle qu'elle est établie la constitution de l'enseignement pharmaceutique. Nous la complétons en lui appliquant, dans toutes ses parties, les principes, les règles, les avantages qu'assurent les règlemens généraux de l'Université, que la loi présente à l'enseignement médical. Ce titre de la loi ne présente donc aucun principe nouveau que nous ayons à discuter. Toutes les questions sont posées et se trouveraient résolues par les titres précédents.

TITRE VI et dernier.

Conseils médicaux.

Le titre VI prononce la suppression des jurys médicaux. N'ayant plus de pharmaciens du second ordre et d'officiers de santé à examiner, à instituer leur mission essentielle était terminée.

Une seule de leurs fonctions reste à pourvoir : la visite des officines de pharmacie. Nous l'attribuons à des corps nouveaux, réguliers, permanens qui, sous le nom de conseils médicaux, veilleront dans tous les départemens aux intérêts du corps médical et à ceux de la santé publique. Par la vérification des titres de tous les praticiens, ils rempliront un office public qui contribuera puissamment à préserver la société de la foule des empiriques sans instruction, sans étude et sans droits, contre lesquels la législation actuelle ne s'était pas prémunie. L'institution des conseils médicaux n'aurait pas d'autres attributions qu'elle serait la sauvegarde de la société et la sanction véritable de la loi.

Mais, par sa permanence, elle rendra à la science, à l'État et au corps médical, des services dont le temps ne fera certainement qu'étendre les bienfaits. Nous avons dit plus haut pourquoi nous n'y avons pas attaché le pouvoir disciplinaire. Nous sommes convaincu qu'un examen attentif fera reconnaître la justesse de nos vues, et prouvera que l'institution, telle qu'elle est établie, est un progrès considérable, et qu'il faut attendre que l'expérience l'ait consacré avant de lui demander des résultats plus décisifs, ainsi qu'avant de lui donner de plus larges bases.

Tel est, messieurs, dans l'ensemble de ses dispositions, le projet de loi que nous avons l'honneur de présenter à vos suffrages. La chambre des pairs, en lui consacrant ses méditations, rendra au pays un nouveau service. Elle résoudra de nombreuses questions qui tenaient en suspens, depuis longues années, beaucoup d'intérêts et beaucoup d'esprits. Elle mettra un terme à un état de choses qui excitait les plus vives réclamations et les plus légitimes. Elle affermira et développera la considération du corps médical, en astreignant tous ses membres à de fortes études, en exigeant de chacun d'eux de sérieuses garanties. Elle donnera à l'enseignement une organisation conforme aux besoins du temps et à l'esprit de nos institutions. Ces résultats, messieurs, vous paraîtront dignes de votre sagesse.

2° **PROJET DE LOI.**

LOUIS-PHILIPPE, Roi des Français,

A tous présens et à venir, salut.

Nous avons ordonné et ordonnons que le projet de loi dont la teneur suit soit présenté, en notre nom, à la chambre des Pairs par notre Ministre Secrétaire d'Etat au département de l'instruction publique, que nous chargeons d'en exposer les motifs et d'en soutenir la discussion.

TITRE I.
CONDITIONS D'EXERCICE DE LA MÉDECINE.

ARTICLE 1er. — Nul n'exerce la médecine en France, s'il n'est pourvu d'un diplôme régulier de docteur en médecine, et s'il ne l'a fait enregistrer au secrétariat de l'Académie de son domicile et au parquet de la cour royale, qui donnent acte du dépôt.

Nul n'est reçu docteur en médecine devant les Facultés françaises, s'il n'est bachelier ès-lettres, bachelier ès-sciences et pourvu des titres médicaux déterminés au titre II de la présente loi.

Tout Français pourvu du diplôme de docteur devant une Faculté française, et l'ayant fait enregistrer, comme il est dit plus haut, exerce librement dans tout le royaume, et porte le titre de médecin ou de chirurgien. Quiconque prendra l'un de ces titres, sans avoir rempli les formalités et conditions ci-dessus, ou celui de docteur sans en être régulièrement pourvu, sera puni correctionnellement d'un emprisonnement de six mois à deux ans. La récidive sera punie d'un emprisonnement de deux ans à cinq ans.

Art. 2. — Le Français et l'étranger, reçus docteurs à l'étranger, ne peuvent exercer en France qu'en vertu d'une autorisation du Roi, qui ne sera accordée à l'avenir qu'après une déclaration d'équivalence de grades et diplômes, délibérée en conseil royal de l'Université, et qui devra être enregistrée conformément aux dispositions du premier paragraphe de l'article 1er.

A l'égard de l'étranger, l'autorisation est toujours révocable. Elle peut être limitée :

Soit à un département ou un arrondissement, soit aux compatriotes de l'impétrant.

Celui qui l'a obtenue ne prend d'autres titres que ceux de docteur de l'Université de. . . . . . . et de médecin ou de chirurgien (étranger).

L'étranger pourra se présenter aux épreuves de grades devant les Facultés françaises, après une déclaration d'équivalence des études scientifiques, littéraires et médicales, délibérée en conseil royal de l'Université, avec remise partielle ou totale soit des inscriptions, soit des épreuves autres que celles du doctorat. Les docteurs ainsi reçus participent à tous les droits réglés par l'art. 1er sous les conditions déterminées audit article.

Le Français qui aura étudié à l'étranger pourra se présenter aux épreuves de grades aux mêmes conditions, s'il a étudié à l'étranger avec l'autorisation du Roi.

Tout exercice de la médecine ou d'une branche de la médecine, contrairement aux dispositions du présent article, sera puni des peines prévues en l'art. 1er.

ART. 3. — Les officiers de santé régulièrement reçus, conformément au titre III de la loi du 10 mars 1803 (19 ventôse an XI), continuent à exercer la médecine aux conditions et dans les termes de leur commission. Ils ne peuvent prendre un autre titre que celui d'officier de santé, sous les peines portées aux articles précédens.

Les officiers de santé, pourvus du baccalauréat ès-lettres et du baccalauréat ès-sciences, sont autorisés à se présenter au doctorat en faisant compter chaque année d'exercice antérieure pour six mois d'études.

ART. 4. — Dans le délai d'un an après la promulgation de la présente loi, une ordonnance du Roi portant règlement d'administration publique déterminera les conditions de l'exercice provisoire ou du maintien définitif des professions spéciales relatives à la pratique de l'une des branches de la médecine. L'exercice de celles de ces professions qui ne sont pas comprises dans les dispositions de la présente loi, ou qui ne le seraient pas dans ledit règlement, sera interdit, dans le même délai, sous les peines portés aux articles précédens.

Il sera statué dans les mêmes formes, sur tous les changemens que pourra nécessiter l'enseignement des élèves sages-femmes et l'exercice de la profession des sages-femmes, avec application des peines ci-dessus aux délits qui seront définis dans ledit règlement d'administration publique.

ART. 5. — Quiconque exercera la médecine ou l'une des branches de la médecine, sous quelque dénomination que ce puisse être, sans l'accomplissement préalable des conditions prescrites aux articles précédents ou au règlement d'administration publique déterminé ci-dessus;

Quiconque prendra indûment un titre indiquant l'aptitude à exercer l'une des branches de la médecine, ou prendra un titre médical non reconnu par la présente loi ou par ledit règlement;

Sera coupable d'exercice illégal de la médecine, et, en conséquence, sera puni correctionnellement des peines déterminées en l'article 1er.

Art. 6. — Les professions médicales sont incompatibles avec celle de pharmacien. Toute contravention à cette disposition, toute association publique ou secrète de l'un de ceux qu'elle concerne avec des pharmaciens, est passible des peines portées en l'art 1er.

Néanmoins tout praticien exerçant dans des lieux où il n'y a point de pharmacie à une distance de 4 kilomètres, pourra tenir des médicamens sous la condition de les prendre dans une officine régulièrement établie dont ils porteront l'étiquette, et de se soumettre à toutes les lois et à tous les réglemens qui régissent ou régiraient la pharmacie, à l'exception de la patente.

Art. 7. — Sont incapables d'exercer la médecine ni aucune des branches de la médecine :

1° Les condamnés à des peines afflictives ou infamantes :

2° Ceux qui auront été condamnés correctionnellement pour faits prévus par les sections 1 et 2 du chapitre 1er du titre II du Code pénal, par les art. 330 à 334 de la section 4 du même chapitre, par la section 6, par le paragraphe 1er de la section 7, par l'art. 78 du paragraphe 2 de la même section, par la section 1re du chapitre II, par les paragraphes 1 et 2 de la section 2 du même chapitre, par les art. 41 et 45 de la loi du 22 mars 1832 sur le recrutement ;

3° Ceux qui auront été privés par jugement de tout ou partie des droits civiques et de famille mentionnés aux paragraphes 3, 5, 6, et 8 de l'art. 42 du Code pénal.

Les tribunaux peuvent en outre prononcer cette incapacité, à la suite de toute condamnation correctionnelle.

Quiconque exercera, nonobstant ladite incapacité, l'une des professions régies par la présente loi, ou par le réglement d'administration publique ci-dessus prévu, sera puni correctionnellement du maximun des peines portées en l'art. 1er.

TITRE II.
CONDITIONS D'ÉTUDES.

Art. 8. — L'enseignement médical est donné par les écoles préparatoires et par les Facultés. Il comprend les mêmes grades que les autres ordres de Facultés.

Le baccalauréat en médecine est conféré aux mêmes conditions et à titre égal, par les écoles préparatoires ou par les Facultés.

La licence et le doctorat en médecine sont conférés exclusivement par les Facultés.

Il est délivré aux impétrans pour les trois grades, au terme de leurs études, un seul et même diplôme.

Art. 9. — La durée des études pour le baccalauréat est de deux années.

La durée totale des études pour la licence est de quatre années.

La durée totale des études pour le doctorat est de cinq années, non compris le temps des épreuves, lesquelles ne peuvent être soutenues qu'après le dernier trimestre.

Art. 10. — Les règlemens particuliers, délibérés en Conseil royal de l'Université, statuent sur tout ce qui concerne les inscriptions dans les écoles préparatoires et dans les Facultés. Ils déterminent les rapports de ces inscriptions avec les études faites dans les hôpitaux, ainsi que la durée des internats obligatoires. Ils déterminent également l'époque le nombre, la forme et la matière des épreuves probatoires de toute nature pendant le cours et la fin des études.

Le prix des inscriptions, examens et diplômes, peut être modifié par les dits réglemens. Toutefois le prix total ne pourra excéder celui des études et thèses nécessaires pour la profession d'avocat.

Art. 11. — Nul n'est admis à prendre sa première inscription en médecine, soit dans les Facultés, soit dans les écoles préparatoires, s'il n'est bachelier ès-lettres. Les élèves qui auront échoué dans les épreuves du baccalauréat, pourront être autorisés à prendre provisoirement la première inscription jusqu'à de nouvelles épreuves. Les dits élèves ne sont admis, en aucun cas, à prendre la deuxième inscription, s'ils n'ont justifié effectivement du baccalauréat ès-lettres.

Nul n'est admis à prendre la cinquième inscription dans une Faculté, ou dans une école préparatoire placée au siége d'une Faculté des sciences, s'il n'est bachelier ès-sciences. Les élèves auxquels auront été applicables les dispositions du paragraphe précédent sont autorisés à ne justifier dudit baccalauréat qu'avant leur neuvième inscription. Les élèves qui ont étudié près les écoles préparatoires ou les hôpitaux dans les villes dépourvues de facultés des sciences, sont autorisés à ne justifier du baccalauréat ès-sciences que dans le délai d'un an, à dater de leur inscription dans la Faculté.

Art. 12. — Les aspirans aux grades médicaux qui, à l'époque de la promulgation de la présente loi, justifieront de deux années d'études dans les hôpitaux seront recevables à faire compter pour quatre inscriptions ledit temps d'études, s'ils sont pourvus du baccalauréat ès-lettres. La Faculté, après examen, pourra proposer au Ministre de leur accorder les huit inscriptions.

Les aspirans au titre d'officier de santé qui, à l'époque susdite, justifieront devant les préfets des départemens de deux années d'études, seront recevables, quand ces études seront terminées, conformément à la loi du 17 mars 1803 (19 ventôse an xi), à se présenter devant l'école préparatoire ou devant la Faculté compétente pour y obtenir, s'il y a lieu, une commission d'officier de santé.

Lorsque lesdits aspirans au titre d'officier de santé seront bacheliers ès-sciences et ès-lettres, ils pourront se présenter aux épreuves du doctorat devant les Facultés, sans justifier des inscriptions exigées par la présente loi.

TITRE III.

ENSEIGNEMENT DE LA MÉDECINE.

ART. 13. — L'enseignement des Facultés comprend toutes les parties des études médicales.

L'enseignement des écoles préparatoires comprend les deux premières années d'études. A l'égard de ces deux années, il est aussi complet que celui des Facultés.

Le programme de l'enseignement, la suite et la répartition des études, soit dans les Facultés, soit dans les Écoles préparatoires, sont déterminés par les règlemens particuliers délibérés en Conseil royal de l'Université.

Le Ministre de l'instruction publique peut toujours autoriser les dédoublemens de cours, les cours auxiliaires ou accessoires qu'il reconnaîtra utiles, en Conseil royal de l'Université.

Les écoles préparatoires seront mises successivement à la charge de l'Etat ; le matériel et les collections resteront à la charge des communes. Il sera statué sur les mesures nécessaires pour établir le nouveau régime soit par des lois spéciales, soit par des lois de finances.

ART. 14. — Les Facultés se composent de professeurs et d'agrégés.

Les écoles préparatoires se composent de professeurs et d'agrégés des Facultés, ou à défaut d'agrégés des Facultés, de suppléans spéciaux qui ont le rang des agrégés de l'instruction secondaire, et remplissent dans les écoles toutes les fonctions des agrégés près les Facultés.

ART. 15. — Le nombre des emplois d'agrégés institués près chaque Faculté, ou des emplois de suppléans établis, s'il y a lieu, près les écoles préparatoires, sera déterminé par des réglemens particuliers délibérés en Conseil royal de l'Université. Il ne peut excéder celui des professeurs.

Les agrégés sont tenus de remplir toutes les fonctions qui leur sont attribuées par lesdits réglemens dans l'intérêt de la discipline et des études. Ils pourvoient aux dédoublemens provisoires ou permanens des cours. Ils font les cours auxiliaires et répétitions officielles qui peuvent être prescrites; ils ouvrent, dans la Faculté ou dans l'école, des cours accessoires, en se conformant, pour la répartition des heures, aux décisions du doyen, et, pour leprogramme, aux délibérations de la Faculté, avec droit de recours au Ministre en Conseil royal.

Art. 16. — Les agrégés sont nommés pour dix ans. Après ce temps, ils sont dégagés de leurs obligations.

Les agrégés libres restent membres de l'Université, et conservent les droits déterminés par l'art. 17. Ils cessent de recevoir le traitement de l'agrégation, à moins qu'ils ne se soient fixés près une école préparatoire et n'aient été admis à y faire le même service qu'auprès des Facultés.

Les agrégés titulaires peuvent toujours, dans le cours des dix années de leur service, s'établir près les écoles préparatoires en y continuant le service qu'ils devraient aux Facultés.

Art. 17. — Les professeurs des Facultés, les professeurs des écoles préparatoires, les agrégés des Facultés et suppléans des écoles sont nommés au concours et institués par le Minisstre de l'instruction publique.

Nul n'est admis à concourir pour l'agrégation ou pour les suppléances près les écoles préparatoires, s'il n'est Français, docteur en médecine et âgé de vingt-cinq ans.

Nul n'est admis à concourir pour les chaires de professeur vacantes dans les Facultés, s'il n'est agrégé en médecine ou professeur des écoles préparatoires, à moins qu'il ne soit membre de l'Institut, membre de l'Académie royale de médecine, ou médecin en chef d'hôpital des villes chefs-lieux de département ou des villes de 20,000 ames.

Nul n'est admis à concourir pour les places de professeur vacantes dans les écoles préparatoires, s'il n'est agrégé en médecine, ou suppléant auxdites écoles, à moins qu'il ne soit correspondant de l'Institut, ou médecin en chef d'hôpital des villes chefs-lieux d'arrondissement.

Les candidats aux chaires de pharmacie et chimie, de physique, de toxicologie et d'histoire naturelle médicale dans les Facultés, doivent être licenciés ès-sciences naturelles.

Les professeurs et agrégés des facultés des sciences sont admis de plein droit à concourir pour lesdites chaires.

Les candidats à la chaire de pharmacie, dans les Facultés et dans les Écoles préparatoires, doivent, en outre, justifier du diplôme de pharmacien.

Art. 18. — Les concours pour les chaires vacantes dans les Facultés ont lieu au siége des Facultés. Le Ministre de l'instruction peut les fixer à Paris.

Les concours pour les chaires vacantes dans les écoles préparatoires ont lieu au siége de ces écoles. Le Ministre peut les fixer au siége des Facultés.

Les concours pour les suppléances ont lieu au siége des écoles préparatoires.

Art. 19. — Le concours pour les chaires de professeur, vacantes, soit dans les facultés, soit dans les écoles préparatoires, porte spécialement sur les matières de l'enseignement auquel il doit être pourvu.

Le concours pour l'agrégation porte sur toutes les matières qui seront déterminées par des réglemens particuliers délibérés en conseil royal de l'Université.

Pour les concours de tout ordre , les réglemens particuliers, publiés au moins trois mois à l'avance, détermineront le nombre des places mises au concours, et, quand il y a lieu, font connaître les conditions spéciales du concours.

La liste des candidats est arrêtée par le Ministre de l'Instruction publique en Conseil royal de l'Université.

La vérification de la régularité des nominations a lieu également en Conseil royal de l'Université.

Art. 20. — Le jury de concours pour les chaires vacantes dans une faculté se compose :

1° Des professeurs de la faculté;

2° De membres adjoints, en nombre inférieur à celui des professeurs, désignés préalablement par le ministre de l'instruction publique dans l'Institut, l'Académie royale de médecine, les autres facultés de médecine, les facultés des sciences, les écoles supérieures de pharmacie.

Le jury de concours pour les chaires vacantes dans les écoles préparatoires se compose de trois professeurs ou agrégés de la Faculté la plus voisine, de trois professeurs de l'école et de trois autres membres désignés par le Ministre dans l'ordre de la médecine ou des sciences.

Le Ministre nomme le président des jurys.

Le jury de concours pour l'agrégation se compose de professeurs choisis dans les trois facultés.

Le ministre nomme le président.

Art. 21.—Toute permutation de chaire entre les professeurs, dans le sein d'une faculté ou d'une école préparatoire, peut être autorisée, après délibération de l'École ou de la Faculté, par le Ministre de l'instruction publique en Conseil royal de l'Université.

Toute permutation de chaire d'une Faculté de département à une autre Faculté de département et d'une école préparatoire à une autre école préparatoire, peut être autorisée dans la même forme, les deux facultés ou les deux écoles entendues.

En cas de vacance dans une faculté du département ou dans une école préparatoire, le ministre, après délibération de la faculté ou de l'école à laquelle appartient la chaire vacante, peut décider, en conseil royal de l'Université, qu'il y a lieu d'y appeler un professeur d'une autre école ou d'une autre faculté.

En cas de vacance dans la faculté de Paris, le ministre, sur le rapport des inspecteurs généraux, peut appeler un professeur d'une autre faculté de médecine, à la demande ou après délibération de la faculté de Paris, le conseil royal entendu. Il peut, dans les mêmes formes, appeler aux chaires de chimie, d'histoire naturelle, de botanique, un professeur des facultés des sciences.

Toutefois, et quelle que soit l'application des dispositions précédentes, il y aura nécessairement deux chaires au moins donnés au concours sur trois vacances, dans toutes les écoles et dans toutes les facultés du royaume.

ART. 22. — Les cours de clinique doivent embrasser l'année scolaire. Les rapports des administrations des hôpitaux avec l'enseignement public seront déterminés par une ordonnance du Roi portant réglement d'administration publique.

ART. 23. — Il devra être établi auprès de chaque Faculté un laboratoire de chimie pathologique et de micrographie où les professeurs de clinique puissent faire exécuter, de concert avec le professeur de chimie, toutes les analyses et recherches nécessaires dans l'intérêt des malades et dans celui de la science. De semblables laboratoires seront établis successivement dans les écoles préparatoires.

ART. 24. — Le Ministre de l'instruction publique peut toujours, après délibération de la Faculté ou de l'assemblée des professeurs de l'école préparatoire, donner un suppléant aux professeurs âgés de soixante-cinq ans ou infirmes, soit sur leur demande, soit sur la proposition des inspecteurs-généraux ou des doyens.

Le professeur conserve son traitement. Il peut siéger jusqu'à délibération et avis contraire de la Faculté dans les jurys d'examen et de concours. L'agrégé suppléant reçoit un traitement égal aux deux tiers du traitement du professeur. Il fait le cours au nom du professeur titulaire, et sous son autorité.

TITRE IV.

ÉLÈVES BOURSIERS ET MÉDECINS CANTONAUX.

ART. 25. — Il pourra être créé dans les écoles préparatoires et dans les Facultés, par l'Etat, par les départemens ou par les communes, sous la condition de se vouer, pendant dix ans, à la pratique de la médecine dans les départemens ou dans les cantons qui seront déterminés à l'époque de l'engagement, des bourses attribuées à des boursiers des colléges royaux ou communaux qui se sont distingués dans leurs études; à des fils ou neveux de militaires ou autres serviteurs de l'Etat, sans fortune et remplissant la même condition; à des bacheliers ayant obtenu des succès hors ligne dans leurs classes, et également sans fortune.

Les réglemens détermineront tout ce qui concerne la nature, le régime et la perte des dites bourses.ainsi que leur répartition entre les facultés et les écoles préparatoires.

Les boursiers promus au doctorat, qui manqueraient aux conditions de leur engagement, seraient déclarés par les tribunaux incapables d'exercer la médecine, sous les peines prévues en l'art. 1er.

Art. 26. — Il pourra être institué, dans chaque canton, un ou plusieurs médecins cantonaux chargés de visiter les indigens, de porter secours aux malades atteints par les épidémies, de remplir toutes fonctions de médecine légale, administratives ou judiciaires qui leur seraient régulièrement déférées, de transmettre aux conseils médicaux, établis ci-dessous, ou aux Ministres compétens, les faits et documens propres à servir les intérêts de la science et ceux de l'hygiène publique.

Art. 27. — Les médecins cantonaux seront à la nomination des préfets. Ils seront nommés pour cinq ans. Ils pourront être continués.

Leur nombre et leur répartition seront déterminés par les préfets, les conseils généraux entendus.

Il sera statué par une loi spéciale sur leur traitement.

TITRE V.

ENSEIGNEMENT DE LA PHARMACIE ET CONDITIONS D'ÉTUDES.

Art. 28. — L'enseignement de la pharmacie est donné par les écoles préparatoires de médecine lesquelles portent le titre d'écoles préparatoires de médecine et de pharmacie, et par les écoles supérieures de pharmacie.

Les écoles supérieures de pharmacie délivrent seules le diplôme de pharmacien. Elles sont composées de professeurs et d'agrégés.

L'organisation des agrégés de pharmacie est celle des agrégés des Facultés de médecine. Ils prennent rang immédiatement après ces derniers, et remplissent dans les écoles supérieures les mêmes fonctions.

Art. 29. — Les professeurs et agrégés des écoles supérieures de pharmacie sont nommés au concours et institués par le Ministre de l'instruction publique.

Le jury de concours pour l'agrégation est composé de professeurs des écoles supérieures désignés par le ministre. Il peut y être adjoint des professeurs des Facultés de médecine et des Facultés des sciences.

Le jury pour les chaires vacantes est composé :

1° Des professeurs de l'école ;

2° De membres adjoints en nombre inférieur à celui des professeurs, désignés par le Ministre de l'instruction publique parmi les professeurs des Facultés de médecine ou des sciences, les membres et correspondans de l'Institut, les membres de l'Académie royale de médecine.

Le Ministre nomme le président.

Art. 30 — Nul n'est admis à concourir à l'agrégation de pharmacie, s'il n'est français, âgé de vingt-cinq ans et pourvu du diplôme de pharmacien et de celui de licencié ès-sciences physiques ou naturelles.

Nul n'est admis à concourir aux chaires vacantes dans les écoles supérieures, s'il n'est agrégé de pharmacie ou professeur des écoles préparatoires, à moins qu'il ne soit membre de l'Institut, membre de l'Académie royale de médecine, ou pharmacien en chef des hôpitaux déterminés en l'art. 17.

Art. 31. — Les études, pour obtenir le diplôme de pharmacien, durent six années. Les six années se composent :

Soit de quatre années de stage officinal dûment constatées, et de deux années de cours dans une école supérieure ;

Soit de trois années de stage officinal et de trois années de cours, dont les deux dernières au moins doivent être suivies dans une école supérieure.

Ces dispositions peuvent être modifiées par des réglemens particuliers délibérés en Conseil royal de l'Université.

Art. 32. — Nul ne peut être admis à prendre des inscriptions dans une école préparatoire ou supérieure, s'il n'est bachelier ès-lettres.

Le nombre, le prix et le régime des inscriptions, la matière et le nombre des épreuves probatoires, sont déterminés par les règlemens particuliers prévus ci-dessus.

Art. 33. — Les examens de fin d'année sont faits, dans les écoles supérieures, par un professeur et deux agrégés, et dans les écoles préparatoires, par deux professeurs et un agrégé ou suppléant.

Les examens pour la réception des pharmaciens ont lieu, dans les écoles supérieures, par un professeur et deux agrégés, et dans les écoles préparatoires par deux professeurs et un agrégé ou suppléant.

Les examens pour la réception des pharmaciens ont lieu, dans les écoles supérieures, devant un jury composé de deux professeurs et d'un agrégé.

Art. 34. — Les pharmaciens étrangers peuvent être autorisés par le roi à exercer la pharmacie en France, après une déclaration d'équivalence de leurs études et diplômes, arrêtée par le Ministre de l'instruction publique en Conseil royal de l'Université.

Ils peuvent aussi, en vertu de ladite déclaration, sur l'autorisation du ministre de l'instruction publique, se présenter aux épreuves devant les écoles supérieures, avec ou sans justification de tout ou partie du stage et des inscriptions, pour obtenir un diplôme régulier.

Art. 35. — Les pharmaciens reçus antérieurement par les jurys, qui voudraient à l'avenir être reconnus pharmaciens de première classe, seront autorisés à soutenir les épreuves devant les écoles supérieures, sans autre justification que celle du diplôme de bachelier ès-lettres.

Art. 36. — Les aspirans au titre de pharmacien de seconde classe qui, à l'époque de la promulgation de la présente loi ou à l'expiration de l'année scolaire suivante, rempliraient les conditions actuellement exigées pour soutenir les épreuves devant les jurys médicaux, seront admis aux examens devant les écoles supérieures, ou devant les écoles préparatoires, sans d'autres frais que ceux qui auraient été exigés pour la réception devant les jurys médicaux.

Ceux de ces aspirans qui, à la même époque, justifieraient de six ou sept années de stage officinal, ne seront tenus de suivre les cours mentionnés à l'article 41 que pendant un an.

Ceux qui, lors de la promulgation de la présente loi, justifieraient de quatre années de stage officinal ou de deux années de stage et d'une année de cours, pourront encore être reçus pharmaciens de deuxième classe par les écoles préparatoires de médecine et de pharmacie, dès qu'ils auront complété le temps d'études actuellement exigé pour se présenter aux examens de pharmaciens de cet ordre.

Ceux qui seraient déjà en cours d'examen, et qui auraient été ajournés pourront continuer à soutenir leurs épreuves devant les écoles préparatoires pendant le laps d'une année. L'ajournement pourra s'étendre à trois mois, six mois, ou un an au-delà de cette époque, suivant l'appréciation faite par les juges du mérite du candidat.

Art. 37. — Le *Codex*, ou formulaire contenant les préparations qui devront être tenues par les pharmaciens, sera revu tous les trois ans par les Facultés de médecine, par les écoles supérieures de pharmacie, et par l'Académie royale de médecine, qui transmettront leurs propositions au Ministre de l'instruction publique. Le Ministre en saisira une Commission compétente et procèdera à une nouvelle publication en Conseil royal de l'Université, si l'intérêt de la science et les besoins de la médecine le réclament.

Le codex sera publié par les ordres du gouvernement et sous son autorité.

TITRE VI.

DES CONSEILS MÉDICAUX.

Art. 38. — Les jurys médicaux sont supprimés : les conseils médicaux seront institués dans chaque département, et, s'il y a lieu, dans les arrondissemens, par le ministre de l'instruction publique qui les composera en nombre proportionné aux besoins du service de deux tiers de médecins et d'un tiers de pharmaciens nommés par cinq ans.

Art. 39, — Les conseils médicaux, dans les départemens qui n'ont point de Facultés ou d'écoles préparatoires, remplissent, par ceux de leurs membres que le préfet désigne quand le ministre n'envoie point des délégués spéciaux, les fonctions attribuées aux jurys médicaux pour la visite des officines de pharmacie.

Les conseils reçoivent et vérifient l'acte de dépôt prescrit par l'article premier.

Ils dressent la liste des praticiens ainsi vérifiés, et l'adressent pour la publication aux autorités compétentes. Ils notifient également aux autorités administratives et judiciaires l'état des personnes qui, dans le département, exerceraient une des professions relatives à l'art de guérir sans titre légal ;

Ils exercent les attributions qui leur sont données par les lois et réglemens relativement au stage des élèves dans les officines, ou, s'il y a lieu, dans les hôpitaux.

Ils exécutent toutes les mesures de police médicale et toutes les fonctions de médecine légale qui leur seraient déférées par la justice ;

Ils réunissent et ordonnent tous les documens relatifs à la topographie, à la statistique médicale et à l'hygiène du département, et adressent régulièrement ces travaux au Ministre de l'instruction publique.

Ils exécutent toutes les missions scientifiques ou médicales qui leur sont confiées par l'autorité, dans l'intérêt des études médicales et de la santé publique.

Art. 40. — La loi du 10 mars 1803 (19 ventôse an xi) est et demeure abr*gée.

*ait au palais des Tuileries, le 15 février 1847.

LOUIS-PHILIPPE.

Par le roi :

*Le ministre secrétaire d'État au département de l'instruc-
tion publique, grand maître de l'université..*

SALVANDY.

3° RÉFLEXIONS SUR LES PRINCIPAUX ARTICLES DE CE PROJET DE LOI.

Examinons succinctement les divers titres de ce projet de loi ; recherchons s'il est vrai, comme l'annonce M. le ministre, que *dans une longue étude des vœux du congrès et des élémeus de la question,* il se soit attaché *à satisfaire tous les intérêts et à régler tous les droits* (exposé des motifs).

Un premier fait, fait capital, doit frapper à la première lecture de ce projet de loi, c'est la discordance extrême entre l'exposé des motifs et la loi elle-même.

Le préambule, la première partie surtout, est magnifique. Principes généraux élevés, libéraux, nobles et dignes ; appréciation du rôle de médecin, parfaitement renseignée de sa triple mission scientifique, sociale et humanitaire ; éclatante et solennelle justice rendue aux efforts, aux intentions, au but du Congrès médical ; critique savante du passé, intelligence parfaite du présent, tout cela est noblement exprimé, semble sincèrement senti, et d'aussi belles prémisses paraissent présager des conséquences non moins belles.

Malheureusement, ce splendide portique ne conduit qu'à un bâtiment chétif et de pauvre apparence, ou, plutôt, cet exposé des motifs, semblable à ce jardin des poèmes de l'Orient, invite le voyageur à s'égarer dans des sentiers ravissans de fraicheur et de verdure, au bout desquels il trouve inévitablement un gouffre perfide caché sous les fleurs et le gazon.

Essayons de le prouver.

TITRE Ier.

CONDITIONS D'EXERCICE DE LA MÉDECINE.

Eloges sans restrictions à l'article 1er et à tous ses paragraphes, qui font disparaitre la monstruosité des deux ordres de médecins, qui infligent une pénalité sévère à l'exercice illégal de la médecine ; heureuses, sages et profondes modifications qu'il n'a pas été possible de refuser plus longtemps à l'énergique expression de l'opinion publique.

Remarquons, cependant, que la loi punirait d'une même peine sévère le charlatan déhonté qui exerce illégalement l'art de guérir, et le médecin parfaitement en règle dans ses titres universitaires, mais qui aurait négligé une des formalités du double enregistrement. Evidemment, il n'y a pas là parité dans le délit, et il est fort douteux que des juges raisonnables n'hésitassent pas à appliquer une pénalité semblable. Une graduation de peines nous paraît ici indispensable.

L'article 2 relatif aux médecins étrangers est dangereux sur un point, inexécutable et, il faut le dire, absurde sur d'autres.

Il est dangereux en ce que l'équivalence des titres des universités étrangères avec les grades délivrés par les écoles françaises est appréciée et jugée par le conseil de l'Université, conseil incompétent pour les 27/30e, et dont les décisions seront certainement entachées d'erreur et peut-être de favoritisme. Cette appréciation d'équivalence doit incomber tout entière aux facultés, et mieux encore à l'Académie de médecine, dont la composition plus nombreuse offre de plus grandes garanties d'impartialité. On donnerait ainsi une attribution importante et nouvelle à cette société savante, dont l'influence a plus besoin d'être agrandie que celle des corps enseignans, déjà trop prépondérans.

Cet article est absurde, car comment limiter la sphère médicale d'un praticien à un arrondissement? Voyez-vous à Paris, par exemple, un médecin exercer avec légalité sur le territoire de la Madeleine, devenir passible de six mois à deux ans de prison pour avoir visité un malade sur le territoire de l'Opéra?

Enfin cet article est inexécutable, car comment s'assurer de la nationalité des malades que le médecin visitera ou recevra chez lui?

La pénalité infligée par l'article 3 aux officiers de santé qui prennent un autre titre que celui que leur donne leur commission est véritablement exorbitant et d'une injustice révoltante. Remarquez que de par l'article 1er il ne peut prendre ni le titre de médecin, ni celui de chirurgien, bien moins encore celui de docteur. On comprend encore cette dernière prohibition. Mais on punit de la prison un officier de santé qui aura pris le titre de *médecin* ou de *chirurgien?* Mais qu'est-il donc s'il n'est ni médecin ni chirurgien? et quelle infraction commet-il contre les convenances, contre la vérité, contre l'honnêteté en prenant un titre qui résume les applications diverses de son art? Peut-il y renoncer sans offenser à la fois le bon sens et la grammaire?

Rappelons ici que le Congrès plus sage, plus généreux n'a rien demandé de semblable, et que se bornant à réclamer pour l'avenir la suppression du deuxième ordre de médecins, il a voulu que la loi, protectrice de tous les droits acquis, n'eût aucune espèce d'action rétroactive sur la position actuelle des officiers de santé. Le projet de loi ferait aux officiers de santé une position d'esclavage et d'ilotisme contre laquelle nous protestons de toutes nos forces, et nous sommes convaincu d'exprimer à cet égard l'unanime opinion de nos confrères.

L'article 4 est fort grave et il annonce des restrictions futures à l'article 1er. Quelles sont ces professions spéciales relatives à la pratique de l'une des branches de la médecine que M. le ministre se propose de réglementer par ordonnance?

Remarquez ces mots : « Déterminera (l'ordonnance) les condi-
» tions de l'exercice provisoire ou du maintien définitif des
» professions spéciales. » C'est fort ambigu, fort captieux, et
tout fait croire que cet article n'est là placé que pour se ména-
ger un retour en faveur des dentistes, oculistes et autres
spécialités non munis de titre légal qui, grâce à la belle juris-
prudence de la Cour de cassation, exercent aujourd'hui très
fructueusement et au détriment d'honorables confrères, une
des branches de l'art de guérir.

Même renvoi à un futur contingent plus ou moins éloigné,
tout ce qui concerne l'enseignement des sages-femmes et l'exercice de leur art.

Les articles 5 et 6 ne méritent que des éloges ; ils sont conformes aux vœux du congrès, qui n'avait exprimé que ce que
la raison publique indiquait depuis longtemps. Pourquoi ne
rencontrons-nous pas de plus nombreux articles semblables à
ceux-là ?

Et, par exemple, nous appelons toute l'attention du lecteur
sur l'avant-dernier paragraphe de l'article 7, ainsi conçu :

« Les tribunaux peuvent, en outre, prononcer cette incapa-
« cité (d'exercer la médecine ou aucune de ses branches), à la
« suite de TOUTE condamnation correctionnelle. »

Ceci est de la plus haute gravité, chers et honorés confrères,
et réclame votre examen le plus sérieux. Quelques exemples
vont vous convaincre de tous les périls cachés sous ce paragraphe perfide.

Un homme vous a insulté dans votre honneur,

Il a insulté votre femme, votre fille ;

Le hasard vous place sur son chemin, à sa vue, l'indignation
vous emporte, vous le frappez.... Plainte, procès, condamna-

tion correctionnelle qui peut entraîner l'incapacité d'exercice, c'est-à-dire vous ôter l'honneur et le pain.

Le service de la garde nationale est, pour vous, un impôt excessif, que deux ou trois fois vous n'avez pu payer, qui vous a valu déjà des peines disciplinaires. Une récidive vous conduit devant le tribunal correctionnel et vous attire une condamnation ; le juge peut y ajouter l'incapacité médicale.

Vos sympathies, vos convictions politiques vous ont entraîné à quelque acte prévu et puni par nos lois si sévères ; à la peine politique le juge peut ajouter la peine professionnelle.

Un délit de chasse ou de pêche, peut avoir la même conséquence ;

De pauvres gens comme nous, des journalistes constamment sur la brèche, qui demain, aujourd'hui, tous les jours, peuvent tomber dans les filets insidieux des lois qui régissent la presse, sont incessamment menacés de cette arme redoutable que la loi veut mettre dans les mains de la justice.

Mais, dira-t-on, les juges n'appliqueront jamais cet odieux article pour ces délits si peu graves.

A quoi donc peut-il servir, cet article, répondrons-nous, s'il ne peut s'appliquer à des délits de cette espèce ? Le paragraphe 1er de cet article 7 ne spécifie-t-il pas les crimes et les délits qui entraînent de droit l'incapacité, le vol, l'escroquerie, l'attentat aux mœurs, etc., etc. ?

Ou il s'applique à ces délits légers, ou il n'a pas de sens.

S'il ne s'y applique pas, il est inutile ;

S'il s'y applique, il est odieux, tyrannique, draconien ; il place notre profession au degré le plus infime de l'échelle sociale, le nègre des Antilles trouve un pouvoir plus protecteur et moins sévère.

Heureusement que cet article place le médecin si en dehors du droit commun qu'il est impossible, nous l'affirmons, qu'il se rencontre un seul législateur en France qui puisse voter en sa faveur.

Il était naturel de chercher dans le préambule les motifs de cet étrange article. Nous vous engageons à y recourir et vous serez plus surpris encore en voyant les causes déterminantes de cette législation barbare. Le corps médical, dit M. le ministre, ne peut pas avoir de conseils de discipline; — c'est notre avis, institués par le gouvernement : la question change de face, institués par l'association libre, — donc, il faut suppléer à cette absence de toute juridiction disciplinaire par l'action des tribunaux.

Qu'est-ce à dire? Nous, qui avec de si légitimes raisons, récriminons si instamment contre l'intervention des tribunaux dans nos questions professionnelles, nous serons donc de plus en plus livrés à ces interprétations incompétentes, injustes, parfois malveillantes? Ce ne sera donc plus pour cette redoutable question de la responsabilité que nous nous trouverons en face de juges prévenus et toujours hors d'état d'apprécier sainement et scientifiquement les faits relatifs à l'exercice de notre art?

Qu'est-ce à dire? que les tribunaux vont remplacer les conseils de discipline? Mais, oui, cela est formellement écrit dans l'exposé des motifs : « Par cela même (l'impossibilité des conseils de discipline), nous croyons devoir remettre aux mains de la justice une autorité plus grande à l'égard du corps médical. »

Indiquer un tel but, signaler de pareilles tendances, montrer toutes les applications de semblables principes, est suffisant, nous l'espérons, pour soulever la réprobation publique et pour faire avorter des dispositions légales qui ne sont ni de notre temps ni dans nos mœurs.

Tel est, succinctement analysé et apprécié, le titre 1er de ce projet de loi, relatif aux conditions d'exercice de la médecine. Voulez-vous en faire le bilan moral d'une façon impartiale et juste? Vous arrivez aux résultats suivants :

AVANTAGES.

Suppression des deux ordres de médecins ;

Pénalité plus sévère contre l'exercice illégal ;

Incompatibilité des professions médicales avec celle de pharmacien.

INCONVÉNIENS.

Pénalité hors de toute proportion contre le simple délit de défaut d'enregistrement du diplôme;

Dispositions relatives aux médecins étrangers, dangereuses, inexécutables et absurdes;

Pénalité contre l'officier de santé qui prend le titre de mécin, exorbitante, injuste, rétroactive ;

Dispositions relatives aux dentistes, oculistes, et non pourvus de titre légal, renvoyées à un futur contingent très captieux ;

Même chose pour les sages-femmes ;

Péril grave et incessant de la faculté, laissée aux tribunaux, de prononcer l'incapacité d'exercice pour quel délit que ce puisse être.

Voilà le résumé succinct de ce titre premier ; à vous, chers confrères, de voir si vous trouvez que la colonne des avantages balance celle des inconvéniens ; pour nous, nous y voyons un déficit immense, et nous ne trouvons pas la compensation suffisante.

————•◦•————

Le titre II est relatif aux conditions d'études.

Nous y rencontrons d'abord une innovation curieuse, sinon utile, c'est la création des titres de bachelier en médecine, et de licencié , dont l'obtention doit précéder celle du titre de docteur.

M. le ministre annonce que c'est pour mettre en harmonie les titres obtenus dans les facultés de médecine avec les titres accordés par les autres facultés. D'autres motifs à cette innovation, *l'exposé*, s'en prive, à moins que l'on ne prenne pour tels le désir de donner aux élèves une *satisfaction* et des *repos* à leur ambition naturelle.

Quant à des prérogatives attachées à ces titres, néant; ils sont tous honorifiques, ce que nous sommes loin de regretter ; mais nous cherchons vainement leur utilité, leur raison d'être, et nous n'y voyons qu'un maladroit retour vers des idées surannées du moyen-âge, des hochets d'étudiant, des enfantillages d'école, auxquels il ne manque pour compléter ce mal habile retour vers les us et coutumes de nos pères, que la prescription d'un costume officiel et distinctif.

Cependant, qui pourrait le croire, et où le danger va-t-il se nicher, il y a un danger réel et sérieux dans cet article, que l'on pourrait croire fort innocent dans sa petite vanité. Ce danger se trouve dans ces trois lignes de *l'exposé des motifs* : « Le bacca-
« lauréat pourra nous fournir une épreuve utile *pour les pro-
« fessions spéciales* dont les réglemens d'administration publi-
« que auront à déterminer l'exercice. » Ce sont ces mêmes professions spéciales que le titre premier se réserve de réglementer par ordonnance, c'est-à-dire probablement les professions de *dentiste*, *d'oculiste*, etc., que le gouvernement a une tendance évidente à maintenir, en leur imposant cependant quelques conditions dérisoires. En indiquant cette tendance, nous indiquons, sans que nous ayons besoin d'insister, les abus sans nombre auxquels cet article peut ouvrir la porte, et nous espérons que le législateur en sera frappé comme nous.

Le Congrès a approuvé le maintien des écoles préparatoires,

il a demandé qu'elles rentrassent sous le pouvoir universitaire, et le projet de loi consacre ces dispositions.

Le Congrès a demandé également que la durée des études fût portée à cinq ans, il a voulu le maintien des exigences des deux baccalauréats ès-lettres et ès-sciences ; le projet de loi donne satisfaction sur ces deux points.

Mais le Congrès a été plus généreux et moins exigeant envers les officiers de santé actuels en demandant qu'une disposition transitoire de la loi autorise ceux qui ont exercé pendant cinq ans, à se présenter devant une faculté pour obtenir, après deux examens pratiques sur la médecine et la chirurgie, le titre de docteurs. Cela était juste, possible et praticable.

Mais le projet de loi exige de leur part la justification des deux baccalauréats, et de plus toutes les épreuves demandées à nos élèves, c'est-à-dire une impossibilité pour l'immense majorité des praticiens actuels de cet ordre auxquels on ferme toute issue pour arriver au grade le plus élevé de notre profession.

Le titre III règle l'enseignement de la médecine.

Nous n'avons rien à dire du programme qui fait complètement défaut et dont la détermination est renvoyée à des réglemens particuliers. Donc, impossible de savoir si les chaires demandées par le Congrès seront instituées et si toutes les modifications dont l'assemblée a reconnu l'utilité seront accordées.

Nous ne croyons qu'il fût indigne de la loi d'entrer dans ces détails, sauf à laisser latitude au conseil royal d'y apporter les modifications dont le temps et l'expérience auraient fait reconnaître l'opportunité.

L'emploi donné aux agrégés est à peu près celui que le Con-

grès avait désiré. Leur temps d'exercice fixé à dix ans est peut-
être un peu long. Nous ne croyons pas non plus qu'il soit d'une
parfaite justice de prolonger leur temps d'exercice d'une manière indéfinie si les agrégés d'une faculté viennent s'établir
dans une ville, siége d'une école préparatoire.

Le projet de loi reconnait et admet le principe du concours,
mais à quelles conditions, et le concours ainsi institué n'est-il
pas une déception véritable, une mystification pire assurément
que la nomination directe, qui a du moins le mérite de la fran-
chise? Examinez, en effet.

D'abord, pour pouvoir aspirer au professorat dans les facultés, il faut être ou agrégé en médecine, ou professeur des écoles
préparatoires, à moins d'être membre de l'Institut, de l'Académie de médecine, ou médecin en chef d'hôpital des villes chefs-
lieux de département ou des villes de 20,000 âmes.

Cet article préjuge et résout d'une manière souverainement
injuste et illégitime cette question, qu'en dehors des catégories
établies, il n'y a ni talent, ni aptitude, ni instruction nécessaires
à l'enseignement.

Il trahit cette tendance envahissante et monopolisante de
l'Université de ne souffrir aucune élévation en dehors d'elle-
même, de forcer toutes les aptitudes à passer par la filière des
degrés qu'elle a hiérarchiquement établis.

Le Congrès plus libéral, plus juste appréciateur des besoins
et des mœurs de l'époque, avait largement ouvert les portes
du concours et avait rendu les chaires accessibles à tout docteur en médecine dont le diplôme aurait cinq ans de date.

Remarquez d'ailleurs que le projet de loi ne se pique pas
ici de logique sévère. Il institue des bacheliers et des licenciés
en médecine pour mettre en harmonie les Facultés de médecine avec les autres facultés. Or, dans les facultés de droit, par
exemple, qu'elles sont les conditions nécessaires pour concourir aux chaires vacantes? le doctorat seul. Eh bien, si le projet
de loi était conséquent avec lui-même, il n'aurait imposé que
cette seule condition pour les chaires des Facultés de médecine, condition d'ailleurs suffisamment rigoureuse aujour-

d'hui par la multiciplité des épreuves nécessaires pour obtenir ce titre et par la sévérité de plus en plus grande des juges.

Autre disposition qui nous paraît peu gracieuse pour les Facultés de médecine en particulier, et pour le corps médical, en général : Les professeurs et agrégés de facultés des sciences sont admis de plein droit à concourir pour les chaires de pharmacie, de chimie, de physique, de toxicologie et d'histoire naturelle médicale.

Il y a ici une tendance évidente et dangereuse à transformer les Facultés de médecine en succursales des facultés des sciences, à fortifier de plus en plus les études dites accessoires et à donner à l'enseignement des sciences chimiques et physiques une prépondérance marquée sur les sciences médicales proprement dites.

Les inconvéniens d'un semblable état des choses seraient extrêmement nombreux et graves ; il nous serait impossible de les indiquer même succinctement ici ; ces questions seront traitées avec développement dans le cours de nos publications quotidiennes. Qu'il nous suffise de faire remarquer que ce projet de loi présage que même dans les catégories qu'il a indiquées comme seules aptes à concourir, il peut arriver qu'il ne se rencontre pas un médecin qui sache assez de chimie, de physique, de toxicologie et d'histoire naturelle pour être capable de professer ces sciences.

Remarquons encore que ce projet de loi fait présager un dédoublement de la chaire de *médecine légale*, car dans l'état actuel des choses il n'y a pas de chaire de toxicologie.

Le ministre peut fixer à Paris le siége des concours pour les chaires de toutes les Facultés. Cet article rapproché de ceux qui vont suivre acquiert une certaine importance.

Une disposition très grave et qui rend le ministre à peu près maître de l'issue des concours, est celle qui résulte de l'article 20, relative à la composition des jurys de ce concours.

Il ne nous paraît pas inutile de rappeler ici comment le Congrès a résolu cette question grave et quelles garanties de nombre, de lumières et d'indépendance il a voulu donner au jury, de qu'elles précautions prudentes et sages il avait entouré l'institution du concours.

« Le jury pour les Concours des facultés sera composé ainsi qu'il suit : à Paris, 1° de huit professeurs ; 2° de quatre membres de l'Académie royale de médecine, les uns et les autres pris dans les chaires et les séries déterminées à l'avance d'une manière invariable, conformément aux réglemens actuellement en vigueur; 3° de quatre praticiens ayant au moins cinq ans de diplôme, choisis au scrutin secret, parmi les médecins des hôpitaux, par l'assemblée générale des médecins.

» Pour les chaires de chimie et de physique, le jury s'adjoindra des professeurs de la Faculté des sciences.

» Pour les facultés de province, le jury sera composé, dans la même proportion, des membres de ces corps enseignans, et de juges choisis au scrutin secret par les facultés, parmi les membres de sociétés de médecine et de pharmacie reconnues et prexistantes, et, à défaut de ces sociétés, parmi les médecins établis dans la ville. »

Telles sont les conditions de sécurité et d'indépendance que le Congrès avait demandées pour le concours. Cette combinaison réalise avec sagesse et grand sens pratique, l'équilibre, la pondération des élémens divers dont il faut tenir compte dans les questions d'enseignement. Les influences universitaires et d'école sont pondérées par l'élément académique, et ces deux élémens sont pondérés à leur tour par l'adjonction des médecins libres qui n'ont à faire prévaloir que le mérite réel et reconnu. Quant à l'élément pouvoir, le Congrès l'a complément anuihilé, et c'est justice dans une question qui n'a rien de gouvernemental, où toutes les garanties de moralité ont été prises, où les garanties de capacité ne sont pas de son ressort.

M. le ministre a bouleversé de fond en comble ces dispositions si sages :

Il se réserve la nomination directe des adjonctions, injure
faite aux académies, qu'il ne trouve pas suffisamment compétentes pour nommer des juges de concours ;

Il se réserve la nomination du président, c'est-à-dire une
voix prépondérante, puisqu'en cas de partage, la voix du président fait pencher la balance.

Ainsi, supposons qu'un jury de concours soit composé de
huit professeurs de faculté, M. le ministre peut leur adjoindre
sept membres des académies à sa dévotion ; il peut nommer le
président, avec sa double voix, c'est-à-dire que dans tous les
concours possibles, M. le ministre est toujours assuré de la majorité.

Indiquer une telle possibilité est plus que suffisant pour
montrer tous les dangers d'un pareil projet. C'est la nomination directe, déguisée sous les apparences d'une institution li-
bérale ; c'est l'arbitraire et le bon plaisir, moins la fran-
chise.

Le Congrès a demandé que le Concours fût appliqué même aux
chaires de nouvelle formation ; le projet de loi ne spécifie rien à
cet égard, et l'ordre des choses actuel, si injuste et si peu conforme aux tendances de l'époque sera maintenu.

L'article 21 est très grave ; il est un de ceux qui s'éloignent
le plus des vœux du congrès, et dont les tendances politiques
sont les plus évidentes.

Le Congrès a été à peu près unanime pour prohiber les permutations de chaires, non seulement dans la même faculté,
mais, et surtout d'une faculté à l'autre, mesures injustes, entachées de favoritisme, qui ruinent dans sa base l'institution
du Concours, qui entravent et détournent l'avenir d'un grand
nombre de jeunes hommes qui avaient pris telle ou telle chaire
pour direction et pour but.

Ce sont ces mesures que le projet de loi admet et consacre ;

permutation de toute sorte, dans la même faculté, d'une faculté à l'autre, et, bien plus, chose inouïe, innovation sans précédens, d'une faculté des sciences à une faculté de médecine.

Ainsi, nos jeunes docteurs, nos jeunes agrégés dont les longues études ont été dirigées vers la prévision d'une chaire, seront privés de faire preuve de leur aptitude parce qu'il plaira à M. le ministre de faire venir de Strasbourg à Montpellier, ou de Montpellier à Paris, un homme dévoué sur qui on peut compter au besoin.

Jeunes confrères, qui passez vos jours dans les laboratoires de physique ou de chimie ; qui cultivez la botanique avec ardeur, avec espérance de vous asseoir un jour dans une chaire de faculté, n'espérez plus, n'attendez plus, il y a dans quelque faculté des sciences un chimiste, un botaniste ou un physicien dont on veut récompenser le dévouement et le zèle ; vous ne concourrez pas.

Si une pareille mesure pouvait être adoptée, nous assurons que c'en est fait de l'émulation, et que la section des agrégés dite des sciences accessoires ne trouvera plus à se recruter dans le corps médical proprement dit.

Le Congrès a désiré que l'enseignement fût soumis aux conditions de retraite que le grand âge et les infirmités rendent nécessaires. Voici le vœu émis à cet égard, qui nous semble faire justice à tous les intérêts, à toutes les convenances : « Les fonctions de professeur seront désormais temporaires et cesseront à l'âge de 65 ans. Les professeurs qui auront atteint cet âge seront nommés professeurs honoraires ; ils participeront aux conseils, délibérations, concours, travaux administratifs des facultés et écoles secondaires, sans prendre part aux examens. Ils jouiront de l'intégrité de leur traitement jusqu'à l'âge de 70 ans, époque à laquelle ils devront faire valoir leurs droits à la retraite. Il sera demandé que leurs droits à la retraite soient abaissés de 30 à 20 ans. »

Au lieu de ces dispositions, le projet de loi conserve au titu-

laire empéché par l'âge et les infirmités, son titre, son traitement, et grève le budget universitaire d'une nouvelle charge, en
accordant à l'agrégé suppléant les deux tiers du traitement du
professeur empêché.

Cette nouvelle combinaison ne nous paraît ni heureuse ni
économique.

Le titre IV traite des élèves boursiers et des médecins cantonaux.

On peut approuver, en principe, l'institution des élèves
boursiers, mais il serait à désirer que leur création dépendît entièrement des départemens ou des communes, et qu'elle ne pût
jamais devenir un moyen d'action politique. C'est ce qui pourrait arriver en faisant participer l'Etat à leur nomination. On
prévoit l'usage que pourrait faire le gouvernement, dans un moment donné, de la latitude que le projet de loi lui accorde, de
donner des bourses à des fils ou neveux de militaires ou autres
serviteurs de l'Etat.

On peut trouver aussi que la pénalité infligée aux boursiers
promus au doctorat, qui manqueraient aux conditions de leur
engagement est exhorbitante. L'incapacité *indéfinie* d'exercice
n'est-elle pas une peine exorbitante?

Nous ne pouvons ici traiter la question des médecins
cantonaux dont l'institution a été rejetée par le Congrès sur
des motifs que ce projet de loi justifie, du reste.

Mais, quelle que soit l'opinion sur le principe, il ne peut y
avoir qu'une voix pour rejeter l'application telle que l'a conçu
M. le ministre, c'est-à-dire la nomination des médecins cantonaux laissée à l'arbitraire des préfets. C'est la médecine rurale
tout entière, mise sous la dépendance du pouvoir. C'est un moyen
politique de plus, ajouté à tous ceux dont l'administration dispose. C'est la confiscation de notre indépendance au profit de
M. le ministre.

Remarquez que ces nominations sont faites tous les cinq ans, c'est-à-dire qu'elles coïncident avec les circonstances politiques où le gouvernement a le plus besoin de se faire des amis et des créatures.

« Il sera statué par une loi spéciale sur leur traitement, » dit le projet. Cette loi, on peut le prévoir, sera rejetée à un futur contingent dont il est impossible de prévoir les limites. Sera-ce au budget de l'Etat qu'on demandera les fonds nécessaires à cette institution? Mais comment penser à solliciter des chambres une telle allocation qui exige 17 à 18 millions annuels, en ne comptant qu'un médecin rétribué par canton, et rétribué de la façon la plus mesquine, à 600 francs, par exemple? Demandera-t-on ce sacrifice aux communes, qui ont tant de peine déjà à rétribuer le curé, l'instituteur primaire, le garde champêtre, à supporter les charges des chemins vicinaux?

Nous voyons bien des difficultés, bien des impossibilités, bien des dangers dans cette institution des médecins cantonaux.

Le titre V règle l'enseignement de la pharmacie et les conditions d'étude. Même tendance du pouvoir à dénaturer le concours par la certitude qu'il se donne de la majorité dans le jury.

Les autres dispositions du projet sont à peu près conformes aux vœux exprimés par le Congrès.

Terminons cet aperçu des titres IV et V en faisant remarquer que l'Université se réserve le monopole exclusif de l'enseignement des sciences médicales, et que le projet de loi est complétement muet sur l'enseignement libre que le Congrès avait demandé largement ouvert, un peu trop largement, peut-être, à tout membre du corps médical.

Le titre VI et dernier est relatif aux conseils médicaux.

La nomination de leurs membres sera faite par M. le ministre de l'instruction publique, qui en fixera aussi le nombre, nouveau et grave moyen d'influence politique qui, en certaines circonstances, ne sera pas à dédaigner.

Si ce n'est pas ce dernier but qu'on a voulu atteindre, on ne comprend guère les motifs de cette institution dont les attributions sont si restreintes et si peu conformes aux vœux généraux, que jamais ces conseils ne pourront être pris au sérieux par le corps médical.

Vérifier la légalité des titres et signaler aux parquets l'exercice illégal, sont des attributions infiniment peu agréables, et que pourrait aussi bien remplir le premier commis venu de l'administration;

Visiter les officines de pharmacie dans les départemens où n'existent ni faculté, ni école, et quand M. le ministre n'enverra pas des délégués spéciaux, est une disposition peu étudiée, peu réfléchie, qui offre des inconvéniens sérieux, et qui peut mettre en lutte — circonstance fâcheuse et évitable — les intérêts professionnels avec les exigences du devoir;

Exécuter toutes les mesures de police médicale et toutes les fonctions de médecine légale qui leur seraient déférées par la justice, c'est dire que toutes les lumières médicales seront nécessairement contenues dans les conseils médicaux; c'est pour ainsi dire limiter l'action de la justice et l'empêcher de puiser à d'autres sources tout aussi pures et abondantes;

Réunir et ordonner tous les documens relatifs à la topographie, à la statistique médicale et à l'hygiène du département, sera une besogne facile, courte et peu embarrassante, car, nous l'assurons, les médecins travailleurs n'enverront aucun document à ces conseils qui n'auront pas leur confiance, à la nomination desquels ils n'auront pas contribué par l'élection, et contre lesquels s'élèveront toujours des velléités de suspicion et d'opposition;

Enfin, exécuter toutes les missions (ce style est celui de l'art 39) scientifiques ou médicales qui leur sont confiées par l'autorité, dans l'intérêt des études médicales et de la santé publique, c'est extrêmement vague, infiniment peu rassurant pour les conseils, si l'autorité est entreprenante et exigeante; tout à fait stérile, si elle est indifférente et peu renseignée.

A la place de cette pâle, insignifiante et cependant dangereuse institution, le Congrès a demandé la création de colléges médicaux, d'associations médicales, se retrempant tous les deux ou trois ans dans l'élection libre et populaire, ayant un triple but :

1° But scientifique par la communication de tous les faits intéressans de pratique, par l'étude des constitutions médicales et des maladies régnantes, des endémies, des épizooties et des enzooties des localités; par des consultations régulières sur les cas difficiles et embarrassans de l'exercice de l'art; par les rapports établis par les journaux et les livres, avec tous les grands centres de mouvement scientifique;

2° But moral et professionnel, par l'influence que ce rapprochement, ces contacts confraternels auraient sur les habitudes et les mœurs médicales, par la puissance toute morale que l'association fait naître, par certaines pénalités toutes de famille, paternelles, pour ainsi dire, et n'ayant aucun retentissement au dehors, qui pouvaient atteindre ceux qu'un sévère sentiment du devoir n'aurait pas retenu dans les voies de l'honneur et de la dignité médicale;

3° But de bienfaisance et de prévoyance, par l'institution de caisses de secours et de retraites; par des cotisations et des dons volontaires, pour des malheurs imprévus et dignes de pitié, pour la vieillesse infirme et incapable, pour les enfants et les veuves des membres honorables du corps médical dont la mort imprévue vient jeter la douleur et la misère dans une famille sans chef.

Voilà ce que le Congrès a voulu, voilà ce que la *Commission permanente* du Congrès avait heureusement organisé dans le plus grand nombre des arrondissemens de la France ; voilà ce qu'un pouvoir susceptible et ombrageux a paralysé par un refus d'autorisation: voilà enfin ce que le projet de loi actuel ne veut ni reconnaître, ni sanctionner.

4° RÉFLEXIONS SUR L'ENSEMBLE DU PROJET.

Nous venons de parcourir les principaux détails de ce projet de loi; nous venons de voir ce qu'il est dans ses particularités. Voyons ce qu'il est dans son ensemble.

L'opinion publique l'a brièvement et sincèrement qualifié : c'est un projet politique.

Les professions médicales, dans l'ensemble et dans la généralité de leurs membres, s'étaient jusqu'ici soustraites aux influences gouvernementales. Professions libérales, elles marchaient dans leur indépendance, dans la sincérité de leurs convictions et de leur conscience, à l'accomplissement de leurs devoirs professionnels et de citoyens.

Un jour, et par le congrès peut-être, le pouvoir s'est aperçu que ces professions, qui sont en contact avec toutes les douleurs et toutes les joies de la famille; qui s'asseoient dans l'intimité du foyer domestique; qui connaissent toutes les misères et toutes les grandeurs, tout le courage et toutes les défaillances de l'humanité; que ces professions pour lesquelles il n'est pas de secret; le pouvoir, disons-nous, reconnut que ces professions devaient avoir et avaient une grande influence sur la société, et il résolut d'utiliser à son profit cette influence et ces moyens d'action.

Mais comment y parvenir? Nous ne croyons pas qu'on ait voulu les corrompre, mais évidemment on a voulu les enchaîner.

Les enchaîner par l'enseignement d'abord, dont le pouvoir a su très habilement se rendre maître. Jurys des concours à sa dévotion, élèves boursiers sous sa domination exclusive, médecins cantonaux nommés par lui, conseils médicaux à ses ordres et à sa nomination; c'est-à-dire une nouvelle et nombreuse armée de fonctionnaires, un personnel nouveau de sept à huit mille personnes, sur lesquelles le pouvoir peut exercer tous ses moyens d'influence, de séduction ou d'intimidation.

La pensée secrète et cachée, — pas si cachée qu'elle ne se montre évidente à chaque article, — est de lier les professions médicales au pouvoir et d'anéantir leur liberté.

Si elle n'était pas la pensée du pouvoir, ne se serait-il pas montré plus soucieux, moins complétement dédaigneux de nos intérêts moraux et professionnels?

Où trouve-t-on dans ce projet de loi le soupçon, l'ombre d'une pensée protectrice pour nos besoins si réels et si urgens relativement :

A nos rapports avec l'autorité judiciaire, qui évalue nos peines, nos soins, nos déplacemens, les connaissances que nous avons dû acquérir et dont il nous faut faire preuve, à un taux humiliant et qu'il oserait à peine offrir à un homme de labeur ;

A la prescription annale de nos honoraires, si injuste, si peu motivée et qui ouvre une issue si facile à l'ingratitude et à la mauvaise foi ;

A la répression de ce honteux charlatanisme qui nous déborde, qui s'organise, qui a poussé des cris de joie en voyant ce projet de loi muet sur ce chapitre ;

A l'interprétation légitime et raisonnable de cette terrible question de la responsabilité médicale, question abandonnée à l'incompétence des juges, toujours inhabiles à apprécier les actes de notre art, leurs résultats, leurs conséquences ;

A la question si grave, si diversement interprétée, du *secret*.

A tant d'autres points, enfin, où le congrès médical a montré une susceptibilité si noble, si généreuse et si empressée pour les intérêts sérieux de la société tout entière?

Voilà, chers confrères, comment le pouvoir a compris la protection qu'il devait à nos professions ; voilà comment il a tenu ses promesses. Voilà aussi quelles actions de grâces le corps médical doit lui rendre!

www.ingramcontent.com/pod-product-compliance
Lightning Source LLC
LaVergne TN
LVHW010316030726
842520LV00004B/1123